猎头团队管理

如何成为千万团队长

蒋倩 ◎ 著

北京大学出版社
PEKING UNIVERSITY PRESS

内 容 提 要

本书旨在为读者提供一本猎头团队管理的指南，帮助读者系统性地提高团队管理能力，从而带领团队创造佳绩。

本书从如何管人、如何管事、如何做到人事合一的思考视角出发，对愿景、和合、领导、思维、行动五大维度，以及它们分别统辖的九大能力进行了系统阐述。不仅展开了对五大维度统辖下的凝聚力、影响力、执行力等九大能力的定义、作用、相互之间的关系进行了解释，更是提供了与能力相关的理论工具的介绍。全书通过故事场景提出常见问题，并以案例说明穿插理论知识之中，以期让读者拥有一套建设自身管理能力的方法论。

本书主要面向猎头行业从业者，或对猎头行业和猎头团队管理问题感兴趣的读者。

图书在版编目（CIP）数据

猎头团队管理：如何成为千万团队长 / 蒋倩著.
北京：北京大学出版社，2025.4. -- ISBN 978-7-301-35671-5

Ⅰ．F243

中国国家版本馆CIP数据核字第2024Y45S70号

书　　　名	猎头团队管理：如何成为千万团队长 LIETOU TUANDUI GUANLI: RUHE CHENGWEI QIANWAN TUANDUIZHANG
著作责任者	蒋倩　著
责任编辑	王继伟　吴秀川
标准书号	ISBN 978-7-301-35671-5
出版发行	北京大学出版社
地　　　址	北京市海淀区成府路205号　100871
网　　　址	http://www.pup.cn　新浪微博：@北京大学出版社
电子邮箱	编辑部 pup7@pup.cn　总编室 zpup@pup.cn
电　　　话	邮购部 010-62752015　发行部 010-62750672　编辑部 010-62570390
印　刷　者	大厂回族自治县彩虹印刷有限公司
经　销　者	新华书店
	880毫米×1230毫米　32开本　7.25印张　168千字 2025年4月第1版　2025年4月第1次印刷
印　　　数	1-3000册
定　　　价	49.00 元

未经许可，不得以任何方式复制或抄袭本书之部分或全部内容。
版权所有，侵权必究
举报电话：010-62752024　电子邮箱：fd@pup.cn
图书如有印装质量问题，请与出版部联系，电话：010-62756370

引言
PREFACE

苦恼的猎头人

这是一个初春的周日下午,微风拂面给人带来丝丝凉意,窗外的梧桐碧绿,迎春花盛开。窗内三个女人坐在不大的茶室包间中,从一开始的茶香袅袅到后面的茶凉人不知。

发起这场聚会邀约的是三人中年龄最大的凯瑟琳,生完二胎后从大型猎企出来的她,先是去了一家小型猎企,没多久就选择了做SOHO(Small Office and Home Office 的简称,意指自由职业者)顾问。一年下来,她开始考虑自己是搭建一个三五人的小团队来继续开展业务,还是与更多SOHO顾问协作来提高自己的业绩产出。对此,她想到了与自己的老同事们聊聊,听听已创业三年的南希和已成为大企业合伙人的格蕾丝的建议。没想到的是,她一开口,另外两位就大念苦经。

"做SOHO不是挺好的?没人管你,你只需要管好自己。我劝你不要没事去折腾团队了。我对上要汇报,对下要管理,同级还要去协作,协作中又难免遇到资源冲突。业绩不好时,老板不满意,下属也不满意。我天天忙得脚不沾地,也没人说我好、理解我的难处。这几年经济形势不好,你懂的,在大公司的业绩压力更大。让我去创业,我现在也不敢。其他公司让我去做合伙人,我也没动力。总觉得哪里都差不多,都累死人。"格蕾丝机枪似地吐槽了一通。

没等凯瑟琳说出宽慰的话,南希就接上了:"姐姐,你再怎么累,上面还有人,大不了,你还可以走人。我呢,现在是真的骑虎难下。创业了才知道老板是真的难做啊,尤其像我这样的小老板,其实我觉得我就是个leader(团队长),只不过现在风险全是自己的了。"喝了口茶,南希又接着说道:"前两年,好不容易把团队做到了20来人,结果这两年经济下行,有些人被我'优化',有些人主动走了,现在剩下的不到十人。最惨的是,我培养的两个我最看好的顾问都走了。就是被你们这样的大公司给挖走的。"

"不是我们这样的哈,是这两年拿了资本的钱,快速起来的那几家吧?"格蕾丝打断道。

"反正我现在是从顾问到leader到老板,一人分成三种角色,晚上躺床上,我都在想我还要不要这么做下去。说真的,我也想过要不要干脆自己一个人干得了。真的,像你一样。"说着,南希看向凯瑟琳。

凯瑟琳无奈地笑了笑说:"两位美女,SOHO顾问也没你们想得那么好。没有协同的团队,自己做不了大客户,也不敢签职位量大的客户。做单平台的单子也有很多是不靠谱的。靠谱的客户和职位也会先放给那些和平台合作更紧密的猎头企业。你们大概不知道吧,现在一些猎头企业专门做平台的单子。我拿什么和人家比拼?这也是我今天找你们出来的原因,我想取取经啊。"

听完凯瑟琳的话,南希和格蕾丝停止了吐槽。她们都觉得团队管理中遇到的问题真是一大箩筐,三天三夜都讲不完。但只讲问题是没用的,也因此,三人不得不陷入沉默。本以为是一人的苦恼,需要外援答疑，没想到是三人各有苦经，却没人有明确的答案。

以上片段虽是虚拟，却来源于现实生活。本书后续的每一篇的开篇都会以这样的虚拟片段引出猎头团队所面临的具体问题，以期让还未涉足猎头行业或还未带过猎头团队的读者能够更直观地感受现实，更好地感悟后续的解法分享。

这些吐槽及吐槽背后的问题都是普遍存在的，核心症结就是顾问培养难、留用难、激励难，与团队、组织同心同德更难。站在第三方看问题，团队长、管理者们面临的更具体的挑战包括以下几个方面。

- 新生代顾问想法多，要自由、要价值、要快速成功，管理难度更大。
- 新手顾问成长速度普遍赶不上市场环境变化下各类客户要求的提高速度。
- 资深顾问带教意识薄弱，缺乏赋能团队、促进他人成长的动力以及具体的方式方法。
- 长期以来，重业务能力、重业绩产出的思想导致团队管理能力，尤其是对人的管理能力普遍不足。
- 业务下沉及升级并存，业内流传的成功经验日趋多元，管理者选择适合自己组织的发展道路更需谨慎。
- 经济下行周期中的大客户服务周期变短，赛道选择变多、更替频繁等，导致业务竞争局面激烈，对顾问及团队长的业务交付及管理能力的要求更高了，对组织内部跨团队、跨区域协同作战的要求更高了，对管理者的业务布局能力及对人的管理能力的要求更高了。

- 更多资本的关注及进入导致行业企业的两极分化趋势加剧，各种新型的组织模式、业务模式层出不穷，给中小型组织及团队的选育留用带来了更大的考验。

业内都知道做百万顾问（当年个人业绩到账达百万元人民币）难，做千万 leader（当年团队业绩到账达千万元人民币）更难；大公司做 leader 难，小公司做老板也难。大家都很努力，同时也都很辛苦，都想有所突破，却又找不到突破的关键。

到底要怎么做才能带好一群人，让一群散兵游勇成长为一支高效能的团队？这正是本书想要解答的课题。不管你是中大型组织中的团队长，还是你在经营一家中小型的猎头公司，又或者你需要扮演项目经理的角色，带领不同的团队去完成职位订单，希望本书都能给你一些启发，让你了解一些真正需要重视的问题，以及解决问题所需要注意的提升点与具体的抓手。

前言 PREFACE

本书阅读指南

读者可以按本书的章节顺序阅读，也可以从自身最感兴趣的能力维度的相关章节开始，还可以按结语文章中所阐述的五维动力系统的运行顺序来阅读，即按照第一篇、第四篇、第三篇、第五篇到第二篇的顺序。读者既可以选择先通读每一篇的理论工具部分，也可以选择先通读每一篇的场景故事。总之，由于每一篇章的内容都相对独立，读者从任何篇章开始阅读都是可以的。

下面就本书的章节安排进行概述。

第一章到第四章是从"做人"的角度来阐述所需的和合力和领导力。第五章到第八章是从"做事"的角度来阐述所需的思维力和行动力。把"做人"放在"做事"前面，是因为在日常工作中我们往往把"做事"放在"做人"前面，却忽略了"人不对则事难成"的道理。很多管理工作都围绕着"如何做事"展开，着力点在如何提高人的做事能力，却忽略了人的意愿问题，以及团队协作中与人心相关的深层矛盾。

第九章从"人事合一"的角度来阐述愿景的重要性，愿景是其他四种能力的缘起，没有愿景，其他四种能力即便再强，也如同孤军作战,难以相互协同,无法发挥出真正的效力,更不可能形成一个有效的运行系统来推动一个团队的健康发展,实现其既定目标。

本书的逻辑结构,如下图所示。

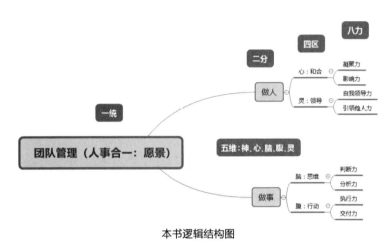

本书逻辑结构图

综上,笔者从众多的能力中筛选出了愿景力、和合力、思维力、行动力和领导力,本书将围绕这五大核心能力的修炼而展开,这也是每个管理者所必须提升的核心能力。

如果读者对更多管理话题感兴趣,可以关注"珍妮姐说"微信公众号、视频号,获取更多专业知识,也可以在站内留言联系笔者,期待广大读者不吝赐教。

目录
CONTENTS

第一篇
和合
——团队凝聚力不足的解决之道 // 001

第一章　对内凝聚力——从离心到向心的跨越 007
 1.1　认识自己和他人 008
  1.1.1　猎头团队只能是 3 号顾问和 8 号团队长的组合？ 009
  1.1.2　"拯救者"型的团队长和"受害者"型的顾问总是两两出现？ 015
 1.2　认识团队中的不同角色 020
  1.2.1　"鞭策者""凝聚者"还是"外交家"？ 020
  1.2.2　戴着黑帽子开会，心情怎能好？ 025
 1.3　从离心到向心——从 I win（我赢）到 We win（我们赢） 029
  "谢谢你，对不起"：一个让顾问从孤鹰变群狼的团队游戏 030
 ·本章小结· 033

第二章　对外影响力——如何对客户施加影响力 034
 2.1　认识人性——欲改变他人，先理解他人 035
  2.1.1　价值观深度解读 035

2.1.2 "你们太差劲"的背后是什么？	038
2.1.3 解决任何问题，要从别人的利益出发	039
2.2 理解人心——情绪与冲突管理的智慧	041
2.2.1 如何利用情绪 ABC 理论解决问题	041
2.2.2 面对冲突，除了竞争和妥协，团队长还能做什么？	045
·本章小结·	051

第二篇
领导力进阶
—— 从自我领导到引领他人 // 052

第三章 自我领导——领袖魅力引领众人前行　059
3.1 规划人生——你想如何演绎你的猎头生涯　060
　3.1.1 我为什么要做猎头？　060
　3.1.2 降维解析：高层次视角下的智慧抉择　062
3.2 被忽视的逆商　064
　3.2.1 作为团队长，你在"扎营者"的位置上多久了？　064
　3.2.2 走出逆境的 CORE 模型　067
　·本章小结·　070

第四章 引领他人——团队长智慧引领，共筑前行之路　071
4.1 共塑团队愿景　072
　你想要的封面故事是什么样的？　073
4.2 共享开放型心智模型　076
　4.2.1 焕发沟通生命力：让你的话语更具感染力和影响力　076
　4.2.2 如何让语言暴力远离你的团队？　082
　·本章小结·　088

第三篇
思维之光
——在分析与判断中展现思维之美 // 089

第五章　判断力——团队长如何运用判断力引领团队前行　　095
  5.1　概率思维——团队长优化决策的关键策略　　096
    5.1.1　打破思维桎梏：如何走出绝对化思维？　　096
    5.1.2　贝叶斯定理　　097
    5.1.3　肥尾曲线和不对称性　　100
  5.2　直觉思维——优秀团队长的风险预判能力　　102
    5.2.1　直觉思维的感知过程　　102
    5.2.2　提高直觉思维能力的三类方法　　103
  ·本章小结·　　107
  6.1　逻辑思维——团队长不可或缺的决策利器　　108

第六章　分析力——卓越分析思维养成实战　　108
    6.1.1　结构化思考：好问题才有好答案　　109
    6.1.2　结构化表达：如何简洁、清晰地传递信息　　112
  6.2　系统思维——高效引领团队，实现整体最优思维方式　　116
    6.2.1　系统及系统思维　　117
    6.2.2　系统思维的应用　　120
    6.2.3　三维立体化思考　　125
  ·本章小结·　　128

第四篇
行动
——驱动团队前行，提高业绩增速 // 130

第七章　执行力——打造高绩效团队的核心竞争力　　136
  7.1　授权管理——有效授权方能释放团队潜能　　137
    7.1.1　授权与放权　　137
    7.1.2　授权管理　　139

7.1.3 授权的依据：猎头顾问的胜任力模型		143
7.2 自驱管理，以身作则		151
画好自己的人生平衡轮		151
·本章小结·		155

第八章　交付力——如何高效匹配人才与职位　　156

8.1 团队长赋能——培养精英顾问实战策略	158
8.1.1 复盘的艺术：如何将工作经验转化为智慧财富	159
8.1.2 团队长业务管理实战教学	163
8.2 选育留用——团队长的用人哲学	172
8.2.1 选人	172
8.2.2 育人	178
8.2.3 留人	186
8.2.4 用人	192
·本章小结·	197

第五篇
愿景
——用愿景倒逼行动 // 199

第九章　愿景力——内在修炼与外显实践　　204

9.1 内在正念	204
正念的修炼	205
9.2 外显实践	207
实践的故事	207
·本章小结·	211

结语　系统之美：管理智慧的终极篇章　　213

第一篇

和合
——团队凝聚力不足的解决之道

凯瑟琳、南希和格蕾丝在上一次聚会的漫长沉默后达成了一致，她们决定每月碰一次头，就自己遇到的问题，尤其是凯瑟琳提出的想要搭建团队、做团队管理会遇到的问题进行定期沟通，希望通过彼此的分享和交流能够突破各自的局限，生出更多面对问题的勇气，并找到解决问题的办法。

这天下班后，三位女士约了一起吃饭讨论。结果南希和凯瑟琳等了大半个小时后，格蕾丝才风尘仆仆地赶到，一坐下，灌了一大口柠檬水后，她说："你们尽管接着吃，允许我先吐槽一下。现在的小孩子真的不得了，真的不知道怎么管了。我本来是准备准点下班赶过来的，结果一个刚来3个月的男孩，叫本杰明，叫住了我，说要找我谈谈。我想谈谈就谈谈，主动找我谈是好事。结果我听完后，真的有点哭笑不得。"

这个话头一下子就引起了另外两位的注意，在她们的注视下，格蕾丝接着说道："他的意思是他们小组最近要签的一家客户的合同点数低了，他和自己的直线经理安妮反映过，觉得这个点数大家都不会有积极性去做的。但安妮觉得这是可以接受的，并告诉他这是他个人的想法，并不能代表其他人。他觉得安妮不作为，在与其他客户对接时也总是唯客户是从，还举了一些他认为有理有据的例子。然后自然就是越说越气，还觉得团队里大家都只管自己的业务，不愿意分享信息什么的，林林总总，反正吐槽了很多吧。他觉得他信任我才告诉我的，如果我也不作为，没有合理的说法给他，也不去推动改变的话，他会考虑离开。"

南希听到这，不由得跳出来说："现在的小孩真的是……明明自己还不清楚业务状况，还没掌握业务技能，就认为自己很懂了，觉得自己的老板、团队长都不行。这样的人，我告诉你，都待不长的。至于直接打自己上司小报告的人，我看直接让他走得了。"

格蕾丝答道："我以前也这么觉得，但沉下心来观察，慢慢就觉得也不能一刀切。不能一看是新人，他们一开口，就想着否定他们。下面的顾问愿意来找我们沟通，那起码说明还有沟通的意愿。就怕开会没人说话，办公室没人敲门。不过本杰明这么来找我肯定是欠妥当的。凯瑟琳，你怎么没一点声音呢？"

凯瑟琳回道："不是等你们先说嘛，你们经验比我多啊，那你后来怎么给他聊的呢？"

格蕾丝说："我当然是先肯定了他来找我的勇气和想解决问题的积极态度。再告诉他越级汇报不是好的职场沟通方式，他一定要改过来。并且他如果对我们没有信心，选择是双向的，我们会尊重他的选择。最后，我告诉他，安妮给他的试用期评估报告的评价分是挺高的。我当然知道他不知道，也知道他会很意外。他可能觉得自己能通过试用期是因为我的拍板。我告诉他，我会针对他提出的问题进行具体了解。若真有必要的话，会约个三人的会谈。然后我就赶过来了。"

凯瑟琳说："姜还是老的辣，不过我有几个问题想请教。安妮也是我们的老同事了，我也知道她的风格是比较温和的，不太会和客户争取利益。对于这样的顾问、团队长，我们该怎么提升他们？安妮对本杰明和本杰明对安妮的印象看起来是差距蛮大的，对于这样的感觉差异要怎么化解？要怎么促进彼此沟通？是不是和他们的性格也有关系？作为上级管理者，我们可以做些什么？又有哪些是不适合做的呢？两位给点看法吧。今天我请客。"

南希说："你这一堆问题问下来，想要讨论出个一二三来，我们吃完饭得接着再聊一场才行。不过这些问题的确是好问题，我这边也有类似的情况。前面我说的，没太过脑子，你俩当我没说。"

格蕾丝看了眼凯瑟琳，道："还是你逻辑清晰，问题一个比一个犀利。虽然你没说我做得不够好，但我也知道自己还有很多需要改进的地方。我们先吃饭，吃完聊。这次是我提出的问题，我请客，都别和我抢了。"

这一晚，三个女人聊得热火朝天。两周后的周五，凯瑟琳和南希都收到了一个格蕾丝发的微信红包。格蕾丝说本杰明事件已圆满处理了，不仅处理了这件事，更是引发了团队关于如何管理客户的大讨论，在讨论中把团队的凝聚力也提升了。至于本杰明的状态也有了很大的不同，他对安妮的看法，据观察也改观了不少。而安妮经过这一次事件后，也真正开始意识到自己的问题，在努力改变自己的客户应对风格。总之，形势一片大好。

从上述对话中，我们可以发现涉及的问题有如下几点。

- 顾问觉得自己虽然身在团队，但是没有团队归属感，人与人之间缺乏信任。
- 顾问不关心团队其他成员的工作任务及进展、完成情况和个人整体状态。
- 顾问觉得团队长只关心大家的工作任务完成情况，不关心人的整体状态。
- 顾问觉得团队长对团队的任务分工并不合理，具体任务安排总是厚此薄彼。
- 团队长觉得有的顾问自己想法很多，做不到"指哪打哪"。
- 团队长觉得有的顾问表面服从任务安排，但执行上却大打折扣。
- 团队长觉得顾问之间的协作较少，团队成员彼此的熟悉度、信任度不够。
- 团队长发现团队内部的牢骚抱怨多，顾问不能理解团队利益大于个人利益。
- 团队在客户面前没有话语权，对客户只能言听计从。
- 团队针对客户方的发言经常出现不一致的情况，导致客户对团队的信任度不足。
- ……

上述问题都可以通过和合能力来处理。和合能力主要用来解决团队对内凝聚力不足、对外影响力不足的问题。这些能力不足的状况在各种组织和团队内普遍存在，也是打造高效能团队路上的拦路虎之一。

由于每个人各自的角色不同，所关注的利益面自然有所不同，团队管理者和被管理者存在着天然的立场矛盾，以及由此带来的不信任感。尤其是晋升通路狭小时，同事之间存在着天然的竞争关系，这又造成团队成员之间的产生不信任感，继而导致团队无法形成"1+1>2"的合力，也就导致顾问在客户面前无法拿出优异的表现。

在商业合作中乙方要想对甲方客户有影响力，就需要克服合作关系中的劣势地位，这对团队的专业能力、自我认知、团队协作等都有很高的要求。

所以，提高和合力，即对内的凝聚力、对外的影响力是打造团队的第一步。如果彼此之间无法打破隔阂、建立信任，让团队成员能够各司其职又愿意协作共赢，相互分享又乐意共同进步的话，那么，成长为千万团队长将是痴人说梦。

【注】在篇首的故事中，格蕾丝究竟是如何处理越级汇报问题的？扫码查看文章，可用微信自带的听读功能。

CHAPTER 1

第一章
对内凝聚力——从离心到向心的跨越

本杰明向格蕾丝吐槽,自己的小组同事从来不共享业务信息,人人只管做自己的案子,开会就是各自汇报自己的业务情况,然后听经理教训自己,除了道个"你好""再见"外,几乎形同陌路。这让他这个新人觉得毫无团队归属感和团队协作可言,而这样的情况在很多猎头团队中普遍存在。

究其原因,猎头顾问各自背负业绩指标,即便是寻访员,也往往只是配合某个顾问去做人才寻访。此外,交付职位的效率往往与顾问有没有自己专注的领域有关。而专注于某个领域的要求需要组织以团队为单元,并进一步将每个人的业务受理范围进行划分,这就容易导致团队之间按行业划分,"老死不相往来";团队内部按职能划分,彼此"井水不犯河水"。

当然,也有的组织选择不限行业、不限职能的做法。但由于一定时期内可拥有的客户及人才资源是有限的,出于本能,顾问往往会选择竞争策略而非合作策略,顾问之间的内部竞争在没有完善的机制保护和较高的对合作共赢的认知时，依旧会造成各自为政，看似身在一起，却心不在一处的情况。

因此，对于团队长来说，如何提高自己团队内部的凝聚力，让大家从离心状态转变为向心状态就尤为重要了。不然，团队人数的增多不仅不会带来团队业绩的增长，反而会带来更多的内部矛盾，导致团队的不稳定和业绩下滑。

团队长在进行业务规划与分工时，需根据成熟顾问和新手顾问的能力、新老客户的搭配，以及高年薪与低年薪职位的分配进行统筹。此外，还需结合顾问的性格特点及其在团队中的角色进行合理分配。团队长还需要不断优化自己的言行，激发大家发挥各自的性格优势，形成互补，并通过分享互助，培养 We win（我们赢）而不是 I win（我赢）的集体认知。

为此，团队长需要做好三件事：人有分类，事有分工，心在一处。本章将详细探讨这些内容。

1.1　认识自己和他人

管理就是管理自己和管理他人。管理始于认知，好比先了解水和火的属性才能正确地使用水和火，管理者也需要认识自己和他人的共同属性和差异化特征，才能因材施教、聚沙成塔，组成高效团队。没有凝聚力的团队并不是真正的团队，而要打造真正的团队就需要从认识人开始。

1.1.1　猎头团队只能是3号顾问和8号团队长的组合?

"我是谁？"很多人都这样问过自己，探索自我是人类的天性。九型人格是众多性格理论中的一种，和MBTI性格理论、DISC性格理论、霍兰德职业倾向测试等都被人们所熟知。在国内职场中，由于外企的影响，熟悉MBTI性格理论的人可能更多一些。本书之所以选择介绍九型人格，一方面是因为它和后面要谈及的贝尔宾团队角色理论一样是三分法的思维体系，都有九个分类，而其他很多性格理论都是偶数对称型分类的思维体系；另一方面是因为九型人格理论还揭示了人的性格会变化发展，在不同环境下会有不同的呈现，是一个遵循事物发展规律的理论体系。这在我看来更符合真实人性的复杂性。

如果我们想要维护好长期处于合作关系的关系对象，比如管理者与下属之间、团队成员之间等，对九型人格理论有一定了解就变得很有必要。尤其是人们总是会错误地认为只有某种性格的人才适合做某种特定的工作，或胜任管理者岗位。在此，仅对九型人格理论作简要介绍。

九型人格

九型人格（Enneagram），又名性格形态学、九种性格。其起源与发展的最早时间已不可考证，但是研究者一致认为它的起源非常古早，可能要追溯至两千五百年前或者更早。在近代，它由美国加州斯坦福大学发扬光大，应用范围广泛，包括个人成长、办公室管理及夫妻相处、亲子关系等方面。

每一个人的基本性格类型都会是九种类型之一，如图1.1所示，即：1号完美主义者，2号助人者（给予者），3号成功者（实干者），4号浪漫主义者，5号思想者（观察者），6号怀疑论者，7号享乐主义者，8号领导者（保护者），9号和平者（调停者）。各类型的翻译用词会有不同版本的差异，但总体含义是近似的。九种性格类型的具体定义可以参见百度百科。

九种性格类型又以人体三个不同的部分作为驱动力中心进行分类。

- 腹中心：8，9，1号人格，或者称为生存（行为模式）中心，以身体力行为导向，对生存的问题直觉最强。
- 脑中心：5，6，7号人格，或者称为资讯（思维模式）中心，以思考和分析为导向，对现实事物的运动现象直觉最强。
- 心中心：2，3，4号人格，或者称为情感（情绪模式）中心，以感受和想象为导向，对人情和环境的气氛直觉最强。

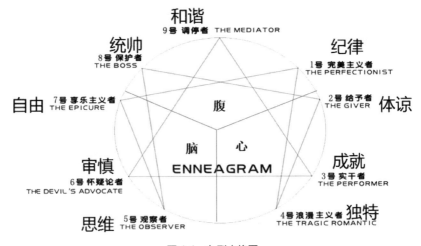

图1.1 九型人格图

虽然人们都有自己的基本性格类型，但为了顺应成长环境、社会文化，人们在安定或有压力的情况下，性格模型有可能出现一些变化。九型人格理论不仅提供了每种类型的特征描述，也提供了各类型之间的相互关系，以及变化发展的顺序。其提供了每种人格在顺境下人格升华方向的发展顺序和在逆境下人格恶化方向的发展顺序。3，6，9人格是三个分区中心的基准性格类型。因此，3，6，9号人格是一条发展线，其他人格是另一条发展线。以下是顺向发展线。

第一条：1→7→5→8→2→4→1

第二条：9→3→6→9

顺向为人格升华方向，逆向为人格恶化方向。例如，一个2号人格的人心理健康时，便会同时出现4号人格的心理健康特征；若一个2号人格的人心理不健康时，便会出现8号人格的心理不健康特征，以此类推。

人格升华的整合方向及其素质获得的提升表现如下。

- 1→7：放下拘谨，宽容乐观，敢于尝试，获得"开朗"。
- 7→5：减少冲动，处事冷静，深入思考，获得"理智"。
- 5→8：坚强勇敢，果断自信，言出必行，获得"威信"。
- 8→2：热情友善，乐于助人，心胸开放，获得"纯真"。
- 2→4：坚持心愿，自我享受，爱人爱己，获得"谦逊"。
- 4→1：冷静理性，是非分明，客观处事，获得"平衡"。
- 3→6：尽责细心，三思后行，忠心耿耿，获得"忠诚"。
- 6→9：随遇而安，放下焦虑，信服别人，获得"信任"。
- 9→3：目标明确，勤快积极，自我挑战，获得"果断"。

猎头团队的顾问大多在工作状态时表现为 3 号人格，这也是为什么当业绩表现突出的 3 号顾问担任团队长后会力不从心，因为 3 号的出发点是"我要成功"，而团队长需要的是"我如何让我们成功"。

8 号人格身上最能体现"我如何带领我的人一起成功"的特征。但这并非说顾问只能是 3 号，团队长只能是 8 号。人需要认识到自己的基本性格类型，扬长避短，同时也要认识到工作、环境对自己的外显性格的影响，并适时调整自己的状态以迎接新的角色。

当然，这并不意味着每个人都必须成长为某种特定的性格类型，或只有某种性格类型的人才能成长为成功的领导者。而是说，我们需要了解清楚自己的性格特点，并在意识到人和人的差异之后，在逆境时能够做出正确的选择，不长期陷入性格劣势彰显的陷阱中，并且持续努力往自己性格类型的升华方向去发展。

九型人格在团队中的表现，如表 1.1~1.3 所示。

表 1.1　九型人格在团队中的表现（生存中心）

类型	领导角色	员工角色	人际冲突点	团队中的表现
8	直截了当，具有攻击性，不喜欢被蒙蔽，喜欢控制，不愿意授权	表现得像领导者，控制欲强	讨厌不公平、不公正，不喜欢退让	在意人际关系，需要划定负责的事情界限
9	喜欢听取各种意见，容易延误决策时机	在意工作环境，不愿意吸引人注意，对权力态度模糊	模糊不清，或无法沟通	讨厌冲突和争论，难以选择立场
1	喜欢制订一个完美的计划	重视目标而不是实现目标的过程，坚信只有一种正确的解决问题的方法	执着于追求"正确性"	需要知道自己是正确的。团队里自私自利的人对 1 号有负面影响

表 1.2 九型人格在团队中的表现（情感中心）

类型	领导角色	员工角色	人际冲突点	团队中的表现
2	喜欢幕后操控，追求权力和成功	出色的支持者，但容易把自己看得太过重要	情绪起伏大，会把个人情绪带到工作中	最看重情感需求的满足，希望受到喜爱和特别关注
3	一心向前，忽略反对意见，喜欢复制成功经验，而非创新	希望获得奖励，关注自己的表现和摸索中学习	讨厌工作被干扰以及权力冲突	希望做领导，没有耐心，对细节斤斤计较的人会让他们抓狂
4	很像3号，会为工作找到一个有价值的目标	需要感到与众不同，需要被倾听	对竞争者会予以打击，情绪反复无常	没有团队意识，适合做专家角色。不喜欢质疑，但希望被领导者认可和奖励

图 1.3 九型人格在团队中的表现（资讯中心）

类型	领导角色	员工角色	人际冲突点	团队中的表现
5	提供思考和分析，高度的抽象思维，让别人冲锋陷阵	害怕被打扰，希望通过工作获得独立和自治	别人觉得5号难以接近和接触，不知道其在想什么	喜欢有清楚界限的工作，不喜欢回答问题，需要引导才能说出真实想法
6	逆境中迸发活力，关注问题和缺陷	不喜欢太多的竞争，喜欢质疑，喜欢获得安全感	怀疑心和负面意见让他人不满	关注人际关系，不喜欢团队内的竞争
7	整合信息，调动积极性，决策较混乱	能自我认可和激励，学习能力强	倾向于避免冲突和批评，不愿承认真实能力和承担责任	提供新颖的想法和付诸行动，但有可能会不切实际

作为团队长，更需要了解清楚每个团队成员的性格特征，基于性格特征去分配任务，例如：

- 给1号人格的顾问更多优化团队规章制度以及业务流程方面的建议权；

- 给2号人格的顾问更多分享发言的机会；
- 给3号人格的顾问更多的人前肯定；
- 给4号人格的顾问更多关于团队活动、创新创意方面的主导权；
- 给5号人格的顾问以报告研究、新领域探索、新工具分析的优先权；
- 给6号人格的顾问更多的明确指示和直接说明；
- 给7号人格的顾问更多活跃团队气氛的表现场域；
- 给8号人格的顾问更多带教新人的授权；
- 给9号人格的顾问提供安全稳定的团队气氛。

对于案子的分配，无论是基于职能线还是难度挑战，也都可以根据顾问的基本人格属性去沟通，适合协商的协商，适合委派的委派。

举例说明，有一个猎头团队原本都是专注做营销岗位的，顾问大多是3号和1号人格。但现在由于科技创新的需要，研发投入被各行业的公司日益重视，他们服务的客户研发类职位也日益增多，团队也开始需要做研发岗位了，但团队内部顾问尝试做了一段时间后发现效果不理想。

于是，老板招聘了一位有研发经验的顾问。没想到新人加入后，团队气氛变得微妙起来，老员工觉得新顾问仗着自己做的是公司重视的业务，表现得很清高，平时和他们都不怎么交流；而新人则感觉自己的方向和大部队不一致，内部也得不到帮助，感觉自己和原团队成员之间就像是隔了一堵墙。

团队长发现问题后担心新顾问离职，也担心团队氛围感消失，于是来找笔者咨询。分析之后，明确了双方的观感，弄清楚新顾问是 5 号人格后，团队长按笔者的建议开了一次茶话会，从九型人格理论的学习入手让大家看到了彼此的性格差异，并通过"说说我眼中的你"的小游戏让大家放下了"我觉得"的猜疑，真正意义上让新人和老人破冰成功。后来这位新人顾问不仅没有离开，还给团队的研发板块做了很多的科普工作，也成功带教出了新人。

1.1.2 "拯救者"型的团队长和"受害者"型的顾问总是两两出现？

老话说"舌头还会和牙齿打架"，一个团队中，大家来自五湖四海，不同背景、不同经历、不同性格的人在一起工作，难免会产生冲突和矛盾。像猎头这样的工作，每个人每天都需要面对业绩指标的压力和完不成指标的焦虑。同时，顾问每天在和人选、客户做大量的沟通，而团队长、项目经理还要做团队内部和跨团队的沟通，这些都可能导致各种误会和不理解，甚至引发言语冲突和情绪爆发。这些除了会对业务本身造成不良影响，更会对团队成员之间及上下级之间的信任感造成不良影响。

戏剧三角理论

心理学家普遍认为，一个人在四五岁时会形成自己的人生剧本，也称为生存策略。剧本来源于个人从父母或外界接受的教育，以及他们的经历和对这些经历和教育内容的看法，并形成了一些理解世界并赋予自身存在意义的关联。在这个认知基础上，美国心理学家卡普曼提出了 Victim（受害者）-Rescuer（拯救者）-Persecutor（迫害者，指责者）的戏剧三角理论，即卡普曼三角形。他认为每个人心中都有一个戏剧三角。那么，一个人在面对矛盾冲突时，往往会代入某种自己最习惯的角色，即一个人会选择扮演或者认为他是受害者、拯救者，或迫害者。

但由于每个人在面对矛盾冲突时，自己认为所处的角色和相关方认为其所处的角色往往是不同的，这也就造成了在这个原始的戏剧三角中，人们无法有效沟通，缓解矛盾，化解冲突。比如，团队长可能认为自己在扮演拯救者的角色，在帮助团队成员处理业务问题，挽回业务损失。但团队成员却可能认为团队长是迫害者的角色，如果没有团队长过于细节的指导，他们就不会成长得那么慢，以至于总不能独立解决问题而一再地遭受批评。再如，某个团队成员可能自视为冲突中的受害者，但团队长或其他团队成员却认为他是迫害者。那么，如何摆脱这个相互指责，彼此看不顺眼的死循环呢？这就需要运用戏剧三角理论中的动态反转工具了。

接下来讲一下戏剧三角理论，动态戏剧三角反转关系如图1.2所示。

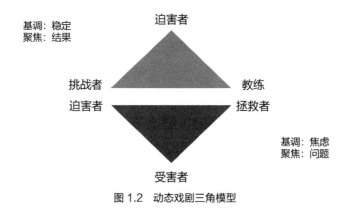

图1.2 动态戏剧三角模型

受害者往往是那些过于敏感、容易情绪内耗的考拉型；迫害者往往是那些重分析、讲逻辑，但总是挑剔别人的猫头鹰型；拯救者往往是那些敢于决策、担风险，但同时觉得"没有我就不行"的老虎型。至于孔雀型或变色龙型的人则会在不同场景中选择最有利的角色。

事实上，这三种角色的健康发展路径是：受害者 → 迫害者（指责者）→ 挑战者 → 教练。即从受害者（"都是你们的错，但我无力反抗。我只能默默承受，直到承受不了才爆发情绪，或发出控诉"），先转变为迫害者（"我觉得我没错，是你们有错。你们哪里做错了，你们需要知道并承担相应的责任"）。迫害者再转变为挑战者（"你们这里有没有可能做得更好？那里有没有可能是做错了？"）。最后，再由挑战者转变为启发人自己去思考并找到答案的教练（"现在的问题是什么？你觉得可以怎么做？还能怎么做？"）。

换言之，一个团队长不要总是扮演拯救者的角色，而要学会扮演教练的角色。不是让团队成员依附你来谋求生存，而是让团队成员能够各自独当一面，并且在发生矛盾冲突的时候，无论是内部还是外部，大家都可以用提问的方式进行心平气和的沟通，用提问的方式进入理性思考的区域，即便对方有情绪，也往往能够进行更理性的表达。

当情绪被表达出来，也就被释放了。负面情绪没有了，受害者才能开始进行合理的指责，指责者才能开始有建设性的挑战，拯救者才能放下自己的方案去启发大家共创方案，最终整个团队才可能会得到更好的解决方案，一起从聚焦在对彼此的不满走向聚焦在如何取得成果上。

举例说明，有一家猎头公司的老板觉得在当今多变又竞争加剧的环境下，他们这样的小规模企业必须提高顾问的人均产值。他们有一个团队由于行业关系、历史原因等，客单价一直比较低，所以他给团队长下达的指示是必须从现在开始加大业务拓展的力度，无论是签约新客户，还是询问老客户，都要尽力争取开发更多的大单进来。

团队长是其一手培养起来的，执行力非常强，于是非常努力地去开拓大单业务，但由于自身能力有限，效果并不理想，怕耽误老板的战略决策落地，于是主动找到老板沟通。一番商量后，老板觉得还是得亲自下场，于是带着团队长一顿操作，结果大单是多起来了，可下面的顾问们对于大单职位总是嘴上答应要努力突破，实则并没有花功夫，起码在老板和团队长看来是如此的。于是，老板急了，对于考核的关键绩效指标进行了大的改革，想要逼一逼顾问，让他们迎难而上，结果却导致两个老顾问相继离职，剩下的顾问工作积极性越来越低。

老板意识到了问题的严重性，决心寻找外脑诊断一下问题到底出在哪儿，于是通过朋友介绍找到了笔者。

在和老板、团队长以及部分顾问进行了深入的一对一沟通后，我发现老板把自己放在了拯救者的角色上，团队长把自己放在了受害者的角色上，而顾问把自己放在了迫害者的角色上。三方完完全全地陷入了戏剧三角中，各自觉得委屈，同时也觉得别人的想法和做法有问题。从每个人的表述来看，大家内心都是想做好业务的，但在要怎么做上产生了分歧，老板是一派，顾问是一派，团队长则成了传话筒。

解铃还须系铃人。把自上而下的想法都了解完后，笔者给老板反馈了情况，并问了老板一个问题："您觉得提高人均产出，除了大单这一条路外，还能有别的路吗？或者说，要走这条路，还需要做些什么？"老板一下子恍然大悟，正所谓"灯下黑"，自己执着于如何把手段做正确，却忘记了真正的目标是什么。于是这位老板立即提出开全员头脑风暴会的思路。

这也是很多管理者的惯常思路。当其意识到问题出在哪里了，就组织大家一起讨论，看似是群策群力，但往往最终还是老板的主意被采纳。管理者容易把所有的注意力都聚焦到如何做事，如何实现结果的层面上，却往往忽略人的感受，比如，员工对新决策的接受度情况。当之前的决策已经给团队带来了内部信任的损耗之后，新的决策往往更难被接受。

最终，老板在理解并认同"人在事前面"的原则后，采纳了笔者的提议，在头脑风暴会正式开始前先由笔者引入戏剧三角理论，大家以戏剧的方式演一演最近的自己，包括内心的感受和外在的表现，理解了三种角色状态后，再以动态反转后的方式，重新以新的角色再演绎一遍。

之后，团队的整个状态就不一样了，整体的能量场发生了积极的变化，大家开始觉得手段或许也没错，错的是自己对决策的想法，对挑战的排斥。当团队长及团队成员都开始愿意提问而非指责，愿意倾听而非抱怨，愿意相信而非质疑时，不必要的矛盾和非良性的冲突也就大大减少了。随后，大家更是拿出了非常认真的态度开了讨论会，在笔者的引导下运用六顶思考帽的方法，就"如何提高人均单产"的问题进行讨论，并拿出了切实可行的行动方案。

当然，由于人和人的差异、语言的误读、业务的压力、问题的复杂等因素，不必要的矛盾和非良性的冲突也会始终存在于人和人之间。因此，团队长可以使用卡普曼戏剧三角理论及动态反转工具减少不必要的矛盾和非良性的冲突。只有当人们看见了真实的自己和他人的表现后，才会反思所想所为。

1.2 认识团队中的不同角色

人们总是会从自己从事什么岗位，具有怎样的职责的角度来理解自己在组织内的角色，但其实这只是岗位角色。不同岗位在不同团队内部其实是有共通的个人角色的。因此，了解清楚自己在扮演什么角色，自己擅长扮演什么角色，自己还能扮演什么角色，如何更好地扮演自己的角色，以及自己的角色和自己的岗位是否比较匹配等问题是非常有必要的。团队长不仅需要了解清楚自己的团队角色，还需要了解清楚团队成员各自的团队角色，这样才可能把团队凝聚起来。

1.2.1 "鞭策者""凝聚者"还是"外交家"？

人在现实社会中，"我"是由多重身份和角色所组成的。在一个组织和团队中都有哪些不同的角色，一个人又会习惯扮演怎样的角色？剑桥产业培训研究部前主任贝尔宾博士和他的同事们在澳洲和英国经过多年研究与实践，提出了著名的贝尔宾团队角色理论，即一支结构合理的团队应该由九种角色构成。

贝尔宾团队角色理论指出，高效的团队工作有赖于默契协作。团队成员必须清楚其他人所扮演的角色，了解如何相互弥补不足，发挥优势。成功的团队协作可以提高生产力，鼓舞士气，激励创新。

而猎头团队之所以容易形成各自为政、孤军奋战的风气,除了前述的原因外,还有一个很重要的原因是团队成员工作性格类似,扮演的以一种角色为主导的几种角色混合的综合角色容易趋同,久而久之就很难发现他人之美及自己的问题,更不可能创造性地去解决问题。

总的来说,由于公司在招聘猎头顾问的时候没有考虑到团队角色多样性与差异化的问题,招聘焦点聚焦在过往业绩水平和业务能力上,所以大多数团队从一开始就没有参考贝尔宾团队角色理论来搭建团队,在团队发展过程中也没有注意在后续的选育留用中去激发角色多样性的优势和解决差异性不足的问题。换言之,放任自流地让团队成员随意发挥,就会导致团队内部各种矛盾的产生和激化,人与人之间的信任感不足。

贝尔宾团队角色

在此,重点讲一下贝尔宾团队角色理论。贝尔宾团队角色理论中的九种角色的定义可以参考百度百科。九种角色可以分为三大类型,如图 1.3 所示。

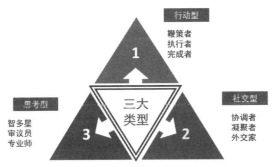

图 1.3 贝尔宾团队角色理论中的三大类型角色

如果和九型人格理论对照起来，行动型对应的是腹区的8，9，1号人格；社交型对应的是心区的2，3，4号人格；思考型对应的是脑区的5，6，7号人格。为进一步理解九种角色，我们可以按整体特征、优势面、劣势面，以及角色在团队中的作用进行分析，如表1.4~1.6所示。

表1.4 贝尔宾团队角色理论中各角色的基本信息（行动型）

类型	整体特征	优势面	劣势面	团队中的作用
鞭策者	思维敏捷；开朗；主动探索	有干劲，随时准备向传统、低效率、自满自足挑战	好激起争端，爱冲动，易急躁	寻找和发现团队讨论中可能的方案；使团队内的任务和目标成形；推动团队达成一致意见，并朝向决策行动
执行者	保守；顺从；务实可靠	有组织能力、实践经验；工作勤奋；有自我约束力	缺乏灵活性；对没有把握的主意不感兴趣	把谈话与建议转换为实际步骤；考虑什么是行得通的，什么是行不通的；整理建议，使之与已经取得一致意见的计划和已有的系统相配合
完成者	勤奋有序；认真；有紧迫感	理想主义者；追求完美；持之以恒	常常拘泥于细节；容易焦虑；不洒脱	强调任务的目标要求和活动日程表；在方案中寻找并指出错误、遗漏和被忽视的内容；刺激其他人参加活动，并促使团队成员产生时间紧迫的感觉

表1.5 贝尔宾团队角色理论中各角色的基本信息（社交型）

类型	整体特征	优势面	劣势面	团队中的作用
协调者	沉着；自信；有控制局面的能力	对各种有价值的意见不带偏见地兼容并蓄，看问题比较客观	在智能以及创造力方面并非超常	明确团队的目标和方向；选择需要决策的问题，并明确它们的先后顺序；帮助确定团队中的角色分工、责任和工作界限；总结团队的感受和成就，综合团队的建议

续表

类型	整体特征	优势面	劣势面	团队中的作用
凝聚者	擅长人际交往；温和；敏感	有适应周围环境以及人的能力；能促进团队的合作	在危急时刻往往优柔寡断	给予他人支持，并帮助别人；打破讨论中的沉默；采取行动扭转或克服团队中的分歧
外交家	性格外向；热情；好奇；联系广泛；消息灵通	有广泛联系人的能力；不断探索新的事物；勇于迎接新的挑战	事过境迁，兴趣容易快速转移	提出建议，并引入外部信息；接触持有其他观点的个体或群体；参加磋商性质的活动

表1.6 贝尔宾团队角色理论中各角色的基本信息（思考型）

类型	整体特征	优势面	劣势面	团队中的作用
智多星	有个性；思想深刻；不拘一格	才华横溢；富有想象力；智慧；知识面广	高高在上；不重细节；不拘礼仪	提供建议；提出批评并有助于引出相反意见；对已经形成的行动方案提出新的看法
审议员	清醒；理智；谨慎	判断力强；分辨力强；讲求实际	缺乏鼓动和激发他人的能力；自己也不容易被别人鼓动和激发	分析问题和情景；对繁杂的材料予以简化，并澄清模糊不清的问题；对他人的判断和作用做出评价
专业师	专心致志，主动自觉，全情投入	能够提供不易掌握的专门知识和技能	只能在有限范围内做贡献，沉迷于个人专门兴趣	进行专业研究；提供专业支持

每一大类型的角色都能成长为优秀的团队长。团队长需要理解哪些角色是和自己的主要角色近似，并注意尽量不要犯同种类型角色的常见错误，以免同质化角色过多造成集体无意识的团队决策失误；团队长也需要知道哪些角色和自己的角色差异性较大，注意把更多的关注点放在这些角色的优势点上。

团队长还需要通过全面观察和分析，了解团队目前还缺失哪些角色，并能够从目前成员的角色特征中发掘出新的角色承担潜力。这一点对猎头团队尤其重要，因为虽然从一线顾问成长起来的猎头团队长可能是三大角色类型中的任意一种，而团队成员也可能是三大角色类型中的任意一种，但是猎头团队的成员构成由于工种角色单一，所以团队成员及团队长的角色特征同质化的概率会较高。在大家都是顾问角色的时候并没有什么冲突，一旦有人角色转变了，就会有所不同。

举例说明，一位猎头团队长 A 刚刚晋升就被之前共事的组员投诉，原因是 A 本来是协调者的角色，但成为团队长之后，更多地发挥了鞭策者的角色，这让其他组员很不适应。

投诉的组员觉得"你做我领导，你开始管头管脚了"，但没有意识到这样的转变是必然的。而变成团队长的 A 也没有意识到自己的转变需要明确告知团队成员，当被质疑时要及时调整自己的管理尺度和风格，发挥鞭策者的优势而非只是不断地问团队要结果。

团队一旦增加了不同角色的成员后，团队长就要意识到彼此之间可能产生的偏见和矛盾，从而更好地化解矛盾。

另一个猎头团队需要扩大规模，从之前的 5 人团队扩大到 10 人的团队。团队长 B 刚好也去学习了贝尔宾团队角色理论，不仅把这个理论分享给了团队成员，还在大家做完测试后明确表态要在团队增员过程中，丰富各类角色。对此，刚学过理论的成员们都很认同和支持，但随着新人进来，角色日益多元化了之后，团队的协同力不升反降。

他们向笔者进行咨询，并进行了内部访谈、讨论和复盘后，团队长和团队成员才终于意识到了"大家都没错，但大家都不知道别人对在哪儿，又都想证明自己才是对的，是掌握话语权的那方"，这才是问题的症结所在。于是，笔者协助团队长带领团队进行了贝尔宾团队角色理论的二次学习，结合近期的经历，分享感悟和反思。3个月后，这个团队的协同效率提升了，团队氛围也更融洽了。有什么意见分歧的时候，大家的口头禅都变成了："我是××型哈，我知道我可能有……问题，不过我的出发点是……"

所以，在理解不同角色及其类型的归属后，更容易了解别人为什么要这么说、这么想、这么做，但了解并不代表理解和接受，也不代表能带动自己的认知和行为的改变，人的"认知–行动"模式的改变绝非一朝一夕的事。要做到"对事不对人"，还需要团队成员在信任彼此的基础上不断地磨合，持续地提升"我和你不同，但我们彼此需要"的认知。

1.2.2 戴着黑帽子开会，心情怎能好？

在九型人格理论和贝尔宾团队角色理论中都提及，在团队中不同性格和角色扮演的人分别可以起到的作用，作用肯定有积极面和消极面。那么，如何更好地发挥自己及团队成员对团队的积极作用呢？这就需要简要介绍一下六顶思考帽的思维训练模型工具了。

六顶思考帽是"创新思维学之父"爱德华·德·博诺（Edward de Bono）博士开发的一种思维训练模式，或者说是一个全面思考问题的模型。它提供了"平行思维"的工具，避免将时间浪费在互相争执上，强调的是"能够成为什么"，而非"本身是什么"，是寻求一条向前发展的路，而不是争论谁对谁错。换言之，运用六顶思考帽模型可以使人和人之间的讨论从无意义的争论转变成集思广益的创造，使每个人变得更富有创造性，也更能发挥各自性格特质及角色特征下的优势面。

六顶思考帽

六顶思考帽是指使用六种不同颜色的帽子代表六种不同的思维模式。任何人都有能力使用六种基本思维模式，只是基于过往的成长经历、性格特点、自动选择的团队角色，以及在讨论场景中的不同立场，我们往往会只利用其中的某种或某几种思维模式。六种思考帽如表1.7所示。

表1.7 六顶思考帽

帽子	代表	作用
白色帽子	中立，客观	关注客观的事实和数据
绿色帽子	创造力，想象力	关注创新、创造，求异
黄色帽子	价值，肯定	从正面考虑问题，表达乐观的、满怀希望的、建设性的观点
黑色帽子	怀疑，批判	从反面考虑问题，运用否定、怀疑、质疑的态度，合乎逻辑地进行批判，发表负面的意见
红色帽子	感性，直觉	表现自己的情绪，表达直觉、感受、预感等方面的看法
蓝色帽子	冷静，流程	控制各种思考帽的使用顺序，规划和管理整个思考过程，并负责做出结论

而这些思维模式在大脑中的出场顺序也极其重要，一旦发生偏差，就会导致个人决策、团队决策的失误。比如，一上来就用黑色思考帽子进行批判，或习惯性运用批判思维的话，往往提出来的想法还未被优化，就会被否决掉。

在团队讨论中，无论是以开会的形式还是以聊天的形式，但凡涉及重要的事情，都可以用六项思考帽模型来引导参与者的思考角度和发言思路。下面是六项思考帽在讨论场景下的典型应用步骤，如图 1.4 所示。

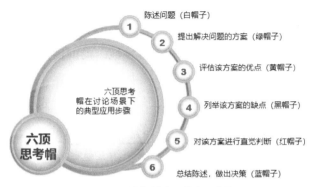

图 1.4　具体场景之下的应用步骤

接下来以猎头团队的经典业务问题"我们要不要进入××行业领域？"为例来做进一步的说明。

比如，问题是"我们团队要不要进入新能源领域？"，但实际上这个问题的背后是以下疑问。

- 如果我们要进入新能源领域，怎么保证自己的选择是正确的？
- 如果无法保证的话，那么，我们还可以选择进入什么领域？或者，我们是否一定要进入新的领域？
- 衡量的标准是什么？可量化的指标是什么？
- 多长时间内，投入怎样的财力、物力、人力等资源后，取得了怎样的进展或成绩才能被称为正确的选择？

在定义问题上有了明确的答案后，才能正式进入陈述问题环节。

如果这个定义没有明确，上级没有给出明确的指示，但组织授予了团队长一定的资源调配权限，那么，团队长可以选择自行定义标准，再开展后续讨论，也可以选择和团队成员一起协商。当然，人们对自己参与拍板的事情会有更多的认同感，做出的承诺会更可能被兑现。

假设猎头团队对于怎样的选择是正确的有了明确的定义，但对于一开始提出的"要不要进入新能源领域"的问题，以及背后的几个问题并没有明确的答案，或者一开始大家的答案并不统一，也没有在交流后形成彼此都认同的答案，那么这个时候就可以采取分组讨论的形式进入提出解决问题方案的环节了。比如，选择进入新能源领域的一组，选择进入其他领域的一组，选择不进入新领域的一组，每组需要讨论的就是如何证明自己的观点是正确的。

对于观点的论证，预测可以实现的业绩成果，实现所需的实施步骤，以及对投入产出比的分析是最为核心的。这才叫既有观点又有论据的解决方案。

现实中，很多团队讨论往往会变成辩论赛，只论述观点、判断，却没有能落地的内容。这时，就需要使用六顶思考帽这项工具了。

在每组都给出方案后，就可以互相进行轮流评述了，也就是评价优缺点。当然，在假设的这个问题里，实际需要评述的是方案的可行性和所需资源的多寡。

在对彼此的方案"评头论足"之后，可以进行一次投票表决，看哪组的方案获得更多的支持。也可以在经过第五个环节——直觉判断之后，再进行投票表决。如果有了明确的结果，那么团队长既要安抚落选方案所在组的成员，也要号召大家进一步优化共同确定的方案。

之后进入最后的环节——做出决策。如果明确的结果还是没有出现，那不妨多些耐心，再重复之前的步骤，进行新一轮的思考、分析、讨论、论证和质疑。当然，当最终的决策做出后，被选中的方案往往还有很多不足，那么团队完全可以再发起一次讨论。

此外，需要说明的是，每个环节与哪种颜色的帽子联系起来，并不代表在某一个环节只能戴一种颜色的帽子。比如，聚焦客观、聚焦事实、聚焦数据的要求不仅是在提出问题时需要，也在提出方案和优化方案时需要。实际上，在各组形成自己的方案过程中，六种颜色的帽子也同样会被运用到。

只要是可以通过讨论来进行头脑风暴的问题，团队都可以持续地运用这个工具。至于具体的运用顺序，可以根据不同的问题来进行适当的调整和简化，这就需要团队长在一次次组织讨论和交流的实践中去提炼自己的心得了。

1.3 从离心到向心——从 I win（我赢）到 We win（我们赢）

如何让团队成员把打胜仗过程中的种种感受表达出来，这是很多团队长、管理者常常忽略却又十分重要的事情。因为没有表达就会遗忘，没有表达彼此间的误会就会沉积下来，没有表达就不会有心和心的碰撞与联结。

团队成员会为了胜利而喜悦，但这种喜悦往往来自业绩的突破，至于业绩以外的部分，尤其是他人的努力，则很可能被忽略。换言之，人们的状态还是 I win（我赢），而不是 We win（我们赢），每个人的关注点还是团队成绩中的个人部分，而不是整体。那么，要如何转变呢？

"谢谢你，对不起"：一个让顾问从孤鹰变群狼的团队游戏

这是一个名叫"谢谢你，对不起"的团队游戏，在实践过程中的效果非常不错。团队可以根据自身团队当下的情况和时间安排只做"谢谢你"部分，也可以将两部分合在一起做。具体步骤如下。

第一步：每个人先在被发放的便贴条上写下自己想对团队内任何一个人或多个人说的关于"谢谢你"和"对不起"的话，不用署名。注意，先写"对不起"部分，再写"谢谢你"部分。两部分不需要都是针对同一个人的。

第二步：写完后，在团队人数较少或团队信任度一般的情况下，每个人对折纸条之后，投入事先准备好的箱子里；在团队人数较多或团队信任度较高的情况下，每个人直接把纸条贴到白板上。

第三步：以抽纸条的方式或任意选择白板上纸条的方式，让顾问把纸条上的内容念出来。信任度一般的团队可以由抽取的人或主持人念；念完后，纸条主人和被提及的伙伴可以握手、拥抱或以任何双方可接受的方式传达一下善意，如愿意表达的，双方都可以讲一下自己当下的想法、感受。信任度较高的团队可以直接由写纸条的人对着被提及的伙伴念出来，被提及的伙伴如愿意表达的，也可以说一下当下的想法和感受。

第四步：重复第三步描述的过程。在此期间，其他伙伴须保持沉默，不予评价。

第五步：全场都讲完后，沉默 1~2 分钟，然后由主持人进行引导，每个人发表各自的看法。

第六步：主持人根据大家的发言进行总结，通常以肯定、鼓励为主。

注意事项：

- 如果团队信任度很高，顾问可以在考虑之后直接口头表述，而无须写下来。
- 如果有人情绪失控，需暂时将其带离会场，等其平静后再回来。

打胜仗的过程不可能是一帆风顺的，也不可能是一蹴而就的。所有新领域的破冰，无论是进入新的行业赛道、签署新的行业客户还是试水不熟悉的职能领域，以及和团队内外部没有合作过的顾问、同事及客户进行合作等，对每一个身处其中的顾问、团队长、项目经理而言都必然充满了挑战。正因此，大家不可避免地会产生不和与争吵，不愉快发生之后，会引起负面情绪的累积，进一步地，会在不知不觉中形成对他人的偏见。

所以，在阶段性地打赢了某场战役后，尤其是团队整体既兴奋又疲惫的时候，是非常适合通过"谢谢你，对不起"的团队游戏来进行调节的。

近些年，切换行业赛道的策略在猎头行业内很普遍，多数情况是迫于环境变化的被动切换，少数是主动切换、提前布局，但无论哪种，转型成功的个人和团队的占比并不高。

举个例子，某猎头团队从近年走势向下的行业 A 集体转型去做了近年走势向上的行业 B，经过艰苦卓绝的努力，半年实现了 0 到 1 的突破，即留存下来的顾问都有了业绩产出，客户的业务量也开始稳定，并且有 2~3 个客户有望孵化为大客户。

也因此，猎头老板想要请培训师做一次分享，既是福利，也是为了进一步提高大家的战斗力。笔者有幸得到邀请，在与老板的沟通中，她表示半年来大家都很不容易，自己也是身心俱疲，见过了太多的人情冷暖。出于女性的敏锐，她发现业务虽然进入正轨，但团队成员之间的关系似乎"没那么亲近了"，她总觉得这种状态可能会给团队带来隐患。

询问细节之后，笔者建议在原定只讲业务技能的客户设想里放入"谢谢你，对不起"的团队游戏，老板出于对笔者的信任，同意了这个方案。不过，事后老板告诉我，她当时的真实想法是"都是成年人了，这种游戏能有用吗？反正不占用太多时间，试试也无妨"。

之后的反馈是，团队成员对这个游戏环节的评价很高，而且都是从"这有什么用？"的状态到"我真的被触动到了""我又爱上你了""我真的差点要哭出来了"的状态。

其实对于这类长期处于高压状态的业务团队，团队成员最需要的就是情绪释放，需要被理解、被认可，被说"对不起"，以及去理解、去认可，去说"谢谢你"。

无论是怎样的表达形式，重要的是提供一个安全的场域，让大家诉说本来没有机会说出来的话，去揭开暗藏心底的感受。

每个人都会被"谢谢"，每个人都会被"对不起"；每个人都去接受"谢谢"，每个人都去接受"对不起"。在冲业绩的路上，在跑业务的关口，我们可能都忽略了去感谢并肩作战的队友，也可能由于心直口快而误伤了队友的感情。但当我们把这些问题一一揭开时，负面情绪就消失了，不满、怨恨、不解以及质疑都没有了，收获的是满满的正向能量。

其实，在猎头行业，做业务的人行事风格往往都是相对简单直接并以结果为导向的,尤其是业务能力强的团队,顾问普遍没有什么心思去搞人事斗争。所以,当大家发现别人敞开心扉之后,也会变得更加勇敢而开放,人与人之间的心也就离得更近了。

当然,场域的打造以及安全感的激发,需要培训师或负责游戏的人和团队一起培育。

◆ 本章小结 ◆

人总是喜欢和自己相似的人,但从与自己不同的人身上往往能学到更多;人总是喜欢做擅长的事,但面对不擅长的事往往更能发现自己的潜力。所以,团队长既要依据成员的性格特征分配任务、引导其发挥出符合其自身优势的团队角色,也要尽可能地让成员突破自己的舒适区,去和不同的伙伴合作,去尝试新的业务和角色。

团队内部不可避免地会发生矛盾和冲突,除了依靠制度、规则之外,及时、坦诚、有温度的沟通和表达也是非常重要的。

本章要点梳理如图 1.5 所示。

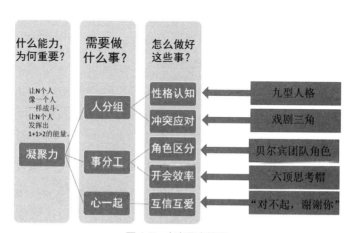

图 1.5　本章要点梳理

CHAPTER 2

第 二 章
对外影响力——如何对客户施加影响力

本杰明在向格蕾丝吐槽时提到,自己的直线经理总是对客户唯命是从,这一点也让很多猎头顾问感同身受。一些老顾问、项目经理、团队长在客户面前没有影响力,他们没有从心理上和行为上把自己当作一个咨询顾问。

这类顾问被乙方的身份困住了,缺乏影响力,这会导致更多问题,例如下属不服,认为其领导能力有限,只会对内施压;业务难以更好地开展,很难得到客户的重视。

对客户影响力不足的问题之所以在项目经理和团队长身上普遍存在,除了外界环境因素,比如经济发展处于下行周期、行业内部竞争加剧之外,更多的原因还是出在顾问自己身上。一方面在顾问早期的成长经历中,带教老师也存在类似问题,以至于顾问认为这就是行规;另一方面在很多猎头公司的业务分配机制上,顾问都是先做交付端,或只做交付端,这就导致即便后来需要拓展业务、对接客户甚至管理团队时,由于自身过往的经验、经历有限,不懂得和客户周旋，害怕得罪客户，久而久之，对客户只剩畏惧和服从心理了。

对此，解决方法有两点。第一，加深对人性的理解，加强自己对人的相同与不同的认知深度；第二，直面冲突，提升自己的情绪管理和冲突应对能力。本章将对此展开介绍。

2.1 认识人性——欲改变他人，先理解他人

影响力分为权力性影响力和非权力性影响力，对客户的影响力主要是指非权力性影响力，即猎头顾问并不是基于身份、地位、角色让客户愿意采纳自己的建议。要改变他人的思想或行为，必须先理解他人的思想和行为受什么影响。

2.1.1 价值观深度解读

对于一件事情的看法，不同的人会有不同的观点，背后或多或少都体现着各自的处事原则，这些都是价值观的体现。所以人和人之间的喜欢和厌恶、人对人的影响力都离不开彼此价值观的影响。如果顾问和客户的价值观相近，合作往往更容易展开，也更容易对客户施加影响力。

价值观

那么，如何确认自己的价值观呢？这就需要用到价值观参考清单。通过价值观参考清单，我们可以做到如下几点。

1. 知道如何形容价值观，即有哪些可以用来形容价值观的词语。

2. 知道自己的价值观是什么。

3. 通过对自己的了解和对价值观词语的了解，更好地分析和判断其他人的价值观。

4. 通过更好地分析和判断来加深相互的认知与了解。

5. 在认知与了解的基础上，发现求同存异的可能性。

6. 根据可能性的情况来选择与谁合作，与可以合作的客户、伙伴更高效地开展合作。

价值观参考清单如图 2.1、图 2.2 所示。

形容价值观的词语有很多，这里仅罗列常见词语。需要注意的是，价值观并不是指形容良好品格的词语，而是人们在遇到考验时做出个人选择的依据。例如，顾问遇到的高管人选存在早期信息造假，顾问是告知客户还是隐瞒真相？选择如实告知客户的顾问，才能说自己的价值观里包含"诚信"的品质。

成就：成功完成可视的任务和项目
进步：前进，追求更高层次
冒险：挑战，承担风险，测试极限
美学：对周围美的渴望，艺术的表达
挑战：测试身体和心理的极限
创造力：发现新的方法做事，探索
环境：尊重地球，生活在安全与舒适的空间
公平：尊重每个人的权利
家庭：花时间照顾亲人
自由：有能力为自己做决定和选择
友谊：亲密的伙伴关系和支持关系
健康：保持和增强身体良好的状态
帮助：照顾他人，帮助他人获得绽放
真诚：真实，诚实，保持承诺
幽默：有趣，轻松，自然
内心和谐：从内心冲突中解脱出来，整合，合一

正直：按照信念行事，言行一致
独立性：自强不息，自主自治
知识：学习和探讨新知
亲密：与他人深度联结
整洁：有序，干净
和平：与人和团队的和平共处
坚持不懈：由始至终，完成任务和目标
个人成长：不断学习与实现个人发展
乐趣：个人满意度，享受，愉悦
地位：在社会团体中被高度重视
力量：有权力/能力去引导事件，使之发生
繁荣：富足的人容易获得渴望的安全感
安全：远离担忧与威胁
精神：与个人信仰深度连接
稳定：确定，可以预测的
团队协作：与他人合作达成共识
获胜：在竞争中胜出，获得成功
……

图 2.1 价值观参考清单（1）

稳定	权势	进取	忠诚	情感连接
平静	隐私	活力	得体	谦恭
崇尚自然	助人为乐	随性	传承	……
明智	灵性	开心	独立	
节俭	名誉	尽善尽美	进步	
优秀	冒险	独立自主	成长	
目标感	寻真	博爱	乐趣	
勇敢	奉献	自由	地位	
诚实	认可	自律	成功	
孝顺	公平公正	独特	协作	
创造力	责任	成就	安全	
智慧	友谊	自信	和谐	
共赢	尊重	正直	激情	
平等	勤奋	坚持		
诚信	荣誉	善良		
原则	挑战	包容		

图 2.2 价值观参考清单（2）

那么，如何确认自己的价值观呢？可以按如下步骤操作，如图 2.3 所示。

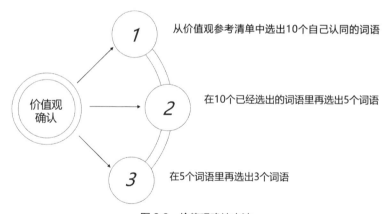

图 2.3 价值观确认方法

如果价值观参考清单里没有自己想要的词语，就将脑海中出现的词语都写下来，再进行筛选。一般来说，只要找到 3 个最相符的价值观词语，就可以帮助我们更好地了解自己了。

"与人合作，您比较看重的价值观有哪些？"这个问题是非常值得向自己的客户提问，并在团队中展开讨论的。因为选择价值观相近的合作伙伴是良好合作的基础保障，更是施加影响力的前提。

2.1.2 "你们太差劲"的背后是什么？

一些新手团队长，尤其是个人业绩好、晋升快的年轻团队长，经常会发出这样的抱怨："你们怎么上手那么慢？""你们怎么那么笨？""天天要我救火？"……高标准、严要求自然没错，然而在对内管理时，要清楚每个人的成长速度是不同的，缺乏耐心和不懂教授技巧的管理方式是行不通的，只会让本可以被培养成才的员工提前离开。

面对客户也是如此，切忌"以己度人"。客户觉得猎头推荐人选的速度慢，推荐的人才质量不够高，这些都是客户站在自己的立场思考问题时的普遍想法，即对自己的"下属"总是不满意，总会以自己的标准要求猎头。客户可以这样想，猎头不可以。

那么，作为猎头顾问，在客户并没有认可你的时候，如何对客户产生影响力呢？你可以做的只有"不以己度人"。这指的是，当客户认为优秀顾问的标准比我们高时，我们不以自己的标准来评估问题和分析问题。当然，最好的结果是和客户达成一个新的标准。如果做到这一步，那么就可以说对客户产生了一定的影响力。

以自己的标准看问题总是容易的，但猎头需要从"客户是在挑我刺"的想法中走出来，转变认知为"客户是在帮助我成长"。

举个例子，某猎头顾问推荐的人选没有去客户公司面试，原因是该人选觉得这家公司不靠谱,不想再接触下去了。客户方HR(人力资源部门工作人员)则对人选没去面试非常生气,认为是顾问不专业所致。

顾问也很生气,认为是对方HR不专业,仅面试安排就更改了三次,而且每一次都是临时更改的。所以,当团队长就此事和顾问沟通的时候,顾问带着明显的负面情绪,认为客户才是主要责任方。

团队长说道:"你觉得作为一个专业顾问,怎么处理会更好?"在团队长的有效引导下,顾问说出了自己的看法,同时讲了自己做得不足的地方。

团队长继续问道:"接下去,你觉得要如何与HR沟通呢?除了沟通,还需要做什么?"

顾问在团队长的提问式启发下,消解了负面情绪,重新梳理了思路,给予HR客观的反馈和建言,并通过HR的引荐,和业务部门一起进行了沟通和信息共享,基本解决了面试时间频繁改动的问题,后续的合作渐入佳境。

自我保护是本能,当我们执着于证明别人也有错时,就会忽视自身的不足,也就不可能对他人施加正面的影响力了。因此,作为团队长,一定要了解人性,引导下属正确认识问题,这就是在施加影响力。

2.1.3 解决任何问题,要从别人的利益出发

前面谈的是不要以己度人的情况,本小节谈的是需要"以己度人"的情况。人性是自私的,团队长在具体合作事项上,要从符合他人利

益的角度思考问题。你所渴望的，往往也是他人渴望的，反之亦然。

在猎头的工作中，因面试安排频繁变动导致人选意愿变化是常事。大多数时候，团队长都会选择在顾问被客户批评后进行安抚，并把解决问题的重心放在从人选那里得到一个合理的解释，并向客户道歉，再为客户推荐更多的人选。很少有人追问背后的原因，以及如何做才能减少类似情况的出现。

有一个团队遇到了候选人"放鸽子"不去面试的问题，前来向笔者咨询。笔者了解到客户公司的HR是招聘经理，面试安排的是候选人与公司大老板面谈，结果人选没去面试，也没提前告知。猎头顾问以及团队长都被投诉，HR还暗示今后不会再给他们任何职位，同时又要求尽可能说服候选人前来面试。

从过往的合作经验看，高管职位正常是由人力资源部门的负责人对接，但这次却是由招聘经理对接外部顾问。团队长知道客户公司的人力资源部门负责人近期可能会有内部调动。对于目前的局面，团队长不敢确认从哪里入手才是正确的解决之道。

笔者对团队长提出的第一个问题是："招聘经理的真正诉求是什么？"

为了回答这个问题，团队长就必须弄清楚面试时间一改再改的责任方有哪些，人力资源部门的负责人到底会有怎样的变化，其和招聘经理是怎样的关系，等等。

只有真正搞清楚谁是客户，谁是关键决策人，以及客户方的真实诉求后，猎头才可能做到把双方的诉求联系起来并尽力实现。

最后这个案子的结果是，猎头团队提供的替补人选拿到了offer（录取通知书），原先拒绝面试的人选和客户老板在一次出差中也见过了面,所谓的不再放新职位的"制裁"也自然没再提及,招聘经理也在人力资源部门负责人离开部门前,如愿获得了升职。

总之,作为团队长,处理客户投诉时要做的就是抓住最主要的矛盾:如何帮客户解决问题,这就是对客户施加影响力的关键。定义清楚谁是客户,问题是什么,承认自己的不足和错误,比琢磨如何让自己的利益不受到损失、如何为自己辩解更重要。一切的误解和指责都会在真正的问题被解决时烟消云散,作为团队长一定要带领顾问认清这一点。

2.2 理解人心——情绪与冲突管理的智慧

人有七情六欲,人性的相通自然包括情绪的部分。通过做好情绪管理和冲突管理,团队长可以更有效地施加个人影响力。

2.2.1 如何利用情绪 ABC 理论解决问题

人和人之间的矛盾往往是通过负面情绪的传递来表现的。客户对顾问投诉,顾问对团队长抱怨,团队长对顾问批评。在这些行为中所传递出的各种负面情绪周而复始,直接或间接导致团队对内缺乏凝聚力、对外没有影响力。正如本杰明对格蕾丝的那一通抱怨和自以为是的威胁。

"人对了,事才能对",这里面的"人对了"也包括人的情绪对了。如果团队长无法在发生矛盾冲突时处理好各方情绪,那么管理就不可能进入正轨。

情绪 ABC 理论非常有效，可以帮助我们转变对问题的看法，从而在与合作相关方发生矛盾和冲突时转变情绪，化消极思维为积极思维。

情绪 ABC 理论

情绪 ABC 理论由美国心理学家艾利斯提出，是认知行为疗法中的核心理论之一。该理论认为，人们的情绪反应不是由外界刺激直接引起的，而是由人们对外界刺激的认知、解释和评估所引起的。情绪 ABC 理论中的"ABC"含义如下：

A：事件或刺激（Activating event）。

B：人们对事件或刺激的信念和想法（Belief）。

C：情绪反应（Consequence）。

A 所指的事件或刺激是情绪反应的触发因素。它可以是任何事情，包括外部事件、内部感受或想法，并且这些事件或刺激会引起人们的情绪反应。

B 所指的信念和想法是人们情绪反应的关键因素，它是人们对事件或刺激的解释和评估，这些信念和想法可以是积极的、中立的或消极的。

C 所指的情绪反应是人们对事件或刺激的信念和想法所引起的情绪体验，它可以是积极的、中立的或消极的。最需要指出的是，情绪反应是由人们对事件或刺激的信念和想法所引起的，而不是由事件或刺激本身直接引起的。人们总是把自己的想法所引发的情绪误认为是自己所遭遇的事件直接引起的。

那么，如何在工作中应用情绪 ABC 理论呢？这就需要按照 A-B-C-D-E 的步骤操作了，具体如图 2.4 所示。

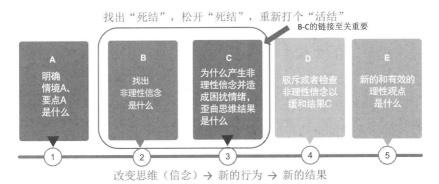

图 2.4 情绪 ABC 理论的应用

以图 2.4 所示举个例子,假设 HR 批评了我,我讨厌她。"HR 批评了我"是其中的事件 A,我觉得"批评我就等于不喜欢我"是其中的信念 B,"我讨厌她"是其中的情绪反应 C。当我意识到批评一个人就等于不喜欢一个人是错误的信念,并把这个信念替换为批评一个人不等同于不喜欢这个人时,就是其中的矫正 D。

通过信念的转化,人的想法就会发生变化,情绪也会随之而变化,并带动后续的行为发生变化,就是其中的效果 E。也就是说,被批评是很正常的事,这并不能证明批评我的 HR 不喜欢我,只能证明她觉得我有些事情没有做好,没有达到令她满意的程度。那么,我需要做的就是确认清楚是什么事情,以及哪些部分是我可以做好的,哪些部分则不在我的能力范围内。并且,如果 HR 的确是以情绪宣泄的方式对我进行了批评,那么,我还可以提出希望对方以怎样的表达方式与我沟通。毕竟,人和人开展合作需要对彼此有基本的尊重。如果都只是宣泄情绪,那么并不利于合作的开展和问题的解决。

以上案例的关键点在于打破不合理的信念并形成新的合理的信

念。在情绪 ABC 理论中，把不合理信念分为三类：对自己的命令、对别人的命令、对世界与生活的命令。通常可以用"必须"或"应该"这两个词加以概括。团队长、管理者可以据此进行自查和诊断。当发现客户用"你们必须""你们应该做到什么"对猎头有不合理的过高期待时，顾问就可以在其提出要求时进行解释说明并婉言谢绝，这样的沟通其实也是在对客户施加影响力。

比如，在业务拓展阶段，团队长对内、对外可能存在一些不合理信念，以对自己的命令这类情况为例，如表 2.1 所示。

表 2.1 对自己的命令中合理 – 不合理信念对比

团队内部		面对客户	
不合理信念	合理信念	不合理信念	合理信念
我必须是最厉害的	我可以不是最厉害的，但却是团队需要的	展现强大就必须要表现得说一不二	可以妥协的地方妥协，不可以妥协的地方不妥协
谈判时，我必须是主导者	我可以是助攻者，看具体的顾问、具体的客户、具体谈的是什么	敢于打断客户的话头	主导权并不在于谁敢于打断话头
顾问说错了话，我必须马上救场	具体情况具体应对	客户的质疑必须驳斥	质疑未必需要驳斥，也可以选择忽略
顾问是来跟我学习的	我也有可能从顾问身上学习	必须强调自己团队的优秀	用田忌赛马的策略来应对被比较
必须拿下这个客户	尽力拿下，如果这个客户值得拿下	必须有所包装	真实呈现未必不是更好的名片

注：每个人都有自己的不合理信念、想法、观点，发现是改变的第一步。

作为猎头顾问，可以根据自己和团队的情况做一个类似的清单。唯有愿意先看见问题，才可能蜕变成长。外在的情绪都和内在的信念、想法、认知相关联，如果只是去抑制情绪、伪装情绪稳定，那注定是治标不治本的疗法。

2.2.2 面对冲突,除了竞争和妥协,团队长还能做什么?

曾任国际冲突管理协会主席的乔斯沃德教授对冲突的定义是:"个体或组织由于互不相容的目标认知或情感而引起的相互作用的一种紧张状态。"有人的地方就有江湖,指的就是人和人之间难免会由于立场、观点、情感或利益等分歧而造成冲突。

在传统观念中,冲突都是不好的,但其实合作型的冲突有利于团队的发展,即富有建设性的争论和讨论对组织的发展与创新是有益的。合作型冲突的特点及结果,如图 2.5 所示。

图 2.5 合作型冲突的特点及结果

团队长、管理者应该做的是正确地认识冲突,避免破坏性冲突的发生,鼓励和增加合作型的冲突。

托马斯 – 基尔曼冲突处理二维模型

美国行为科学家托马斯和基尔曼提出了托马斯 – 基尔曼冲突处理二维模型,如图 2.6 所示。

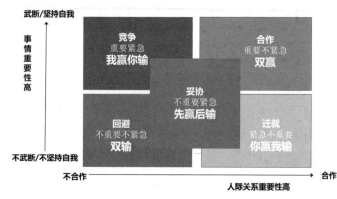

图 2.6 托马斯-基尔曼冲突处理二维模型

此模型将冲突的应对策略按合作-不合作和坚持自我-不坚持自我的两对关系分为五种策略：竞争、合作、回避、迁就和妥协。

- 竞争策略：坚持自我和不合作的行为，对人际冲突的解决而言属于"我赢你输"的方法。这一方式运用强迫方式努力达到自己的目标而不考虑其他人。
- 合作策略：合作兼顾坚持自我的行为，对人际冲突的解决而言属于"双赢"的方法。个体运用合作策略，想使符合共同利益的结果最大化。
- 回避策略：不坚持自我和不合作的行为，个体运用这种方式来远离冲突、忽视争执，或者保持中立，对人际冲突的解决而言是"双输"的方法。回避策略反映了对紧张和挫折的反感，而且可能包括让冲突自己解决的决定。
- 迁就策略：合作和不坚持自我的行为，代表了不自私的行为，或者是对其他人愿望的服从。顺从的方式，对人际冲突的解决而言是"你赢我输"的方法。

- 妥协策略：也叫折中策略，半合作和半坚持自我的行为，是一种被广泛使用和普遍接受的解决冲突的方法，对人际冲突的解决而言是"先赢后输"的方法。

每种策略按紧急 – 重要四象限分类后，对应的事件适用范围如表 2.2 所示。

表 2.2　紧急 – 重要四象限分类事件和五种冲突应对策略的适用关系

竞争策略 既紧急又重要的工作	回避策略 不紧急也不重要的工作	迁就策略 紧急而不重要的工作	妥协策略 紧急而不重要的工作	合作策略 不紧急而重要的工作
1. 当处于紧急情况下，需要迅速果断地作出决策并及时采取行动时； 2. 当你想要实施一项不受团队成员欢迎的重大措施时； 3. 当自己的主张正确，并且问题的解决有益于团队时	1. 当冲突的事情微不足道，或还有更紧迫、更重要的问题需要解决时； 2. 当认识到不可能满足自己的要求和愿望时； 3. 当收集信息比立刻决策更重要时； 4. 当一个问题是另一个更大问题的导火线时； 5. 当你认为部门之间职能划分不清楚，但不影响工作时； 6. 当发现不是解决问题的最佳时机时	1. 当自己是过失的责任者时； 2. 当你想表现出自己通情达理时； 3. 当你明知这个问题对别人比对你更重要时； 4. 当别人给你带来麻烦，但这种麻烦你可以承受时； 5. 当融洽和稳定至关重要时； 6. 当你允许别人从错误中得到学习和经验时； 7. 为了对以后的事情建立起责任感时	1. 当目标十分重要但过于坚持己见可能会造成更坏的后果时； 2. 当对方作出承诺不再出现类似的问题时； 3. 当为了一个复杂的问题达成暂时的和解时； 4. 当时间十分紧迫需要采取一个妥协方案时	1. 当发现两个方面都很重要并不能进行妥协时； 2. 当需要了解、综合几种不同意见时； 3. 当部门之间在主要的职责上互相关联时； 4. 当有可能扩大双方共同的利益时

注：选择冲突应对策略影响因素：性别、年龄、文化、性格、情境、级别、权力。

下面以一线团队长的日常工作为例展开说明。

重要紧急象限的事件：安排好的或临时发生的重要会议、客户沟通、谈判及招待等，这些事件适合用竞争策略。

重要不紧急象限的事件：团队内部的年度、半年度、季度计划及复盘会议，顾问谈话，业务方向的战略制定和结果复盘，旨在做好重要客户关系维护的各项操作及行业活动等，这些事件适合用合作策略。

紧急不重要象限的事件：临近截止日期的行政性事务，比如走报销流程；需要立即处理的琐碎事务，比如改签机票（猎头团队大多没有个人助理的岗位配置），这些事件适合用妥协、迁就策略。

不紧急不重要象限的事件：一切可以不亲自处理，甚至不处理也不会影响业务开展和团队管理的事情，这些事件适合用回避策略。

当然，很多事情的重要 – 紧急程度的划分也是仁者见仁、智者见智，尤其是对不紧急不重要事情的定义。这类事情通常看起来都是小事，但不同人会有不同的归类想法。比如，公司要拍形象宣传片，可能在一些团队长看来，出镜与否对自己来说既不重要也不紧急，但另一些团队长则会觉得是紧急不重要的事，有的人可能会觉得应选择自己代表团队出镜，还有的人可能会选择把机会留给团队里的明星顾问，也自然会有人觉得和团队业务无关的事并不需要参与。总之，通过简单的分类及梳理会让人觉得应用五大冲突应对策略并非难事，但事实上，单就一个具体的合作事项而言，考虑到该事项所处的不同合作发展阶段、节点，以及沟通联络不同的相关方，需要用到的策略也是多种的、变化的。

如果习惯只使用单一策略，或不懂得灵活调整，不能在对的时间点和对的人身上运用对的策略，那就可能会引发破坏性冲突并导致合作失败；反之，则可能引发合作型冲突并促使合作进展加快。

其实对于猎头团队来说，每一个案子都是一个合作事项，而当一个案子涉及的人数越多、流程越长时，可能出现问题的概率也就越大。

在一个职位的合作过程中，一开始各方都会采取合作策略。比如，针对过程中的面试安排、性格测试、作品提交等事项，为了合作达成的目的，双方都可能基于合作的意愿而采取迁就另一方或相互妥协的策略，而猎头的作用就是确保这一阶段双方不使用竞争策略。

而到了人选和客户进行 offer 谈判时，双方往往会由于想要对方让步而转变为竞争策略，希望通过竞争策略让对方迁就自己或退让妥协。一旦发现对方不就范，一方就可能采取回避策略，即不再坐上谈判桌进行沟通了。而猎头的作用就是确保这一阶段双方回归到合作意愿的基础上进行协商，最后以合作策略或妥协策略收尾。

不然，双方都采用竞争策略的话，谈判肯定会破裂，因为竞争策略就是"我赢你输"的策略。在 offer 谈判阶段，回避策略的具体表现就是猎头联系不上人选，或人选既不退让也不表态。

客户方也是如此，全权委托猎头去谈判，但其实并没有给出任何议价空间，甚至在猎头顾问希望客户方的 HR 或部门能出面传递两句鼓动人心的话时，客户也表示拒绝，这种行为实则属于回避策略，是做好了"双输"的准备。

真正的竞争策略是为了让对方按自己开出的条件答应合作的，即主观意愿上还是想要促成合作、避免失败的。但回避策略的使用往往在主观意愿上是可以接受合作失败的。不少猎头顾问在分析及处理案子时，由于没看懂人选和客户实际采用的是回避策略，而获得了事倍功半的结果。

把双方从妥协、迁就拉到合作是可行的，从竞争拉到妥协、合作也是可行的，但要从回避拉到妥协、合作，虽可行但难度实际要大不少。这方面有大量的案例，读者可以以团队为单位进行复盘反思,这里就不具体展开了。在顾问操作案子的过程中,遇到挑战时,往往会寻求团队长、管理者的帮助。

那么,从冲突应对策略的角度看,团队长、管理者可以做什么呢?可以总结为:分清内外和分清主次。

分清内外是指内部成员之间应采取合作的策略,但在外部客户那里各自有各自的分工策略,并且需要事先做好沟通和确认,不然就可能会让下属顾问不明就里,以为主管在和自己唱反调,更甚者以为主管想和自己争功劳,在客户面前出风头。

分清主次是指在一个案子中,介入的团队长、管理者需要协助顾问做出明确的判断,或者说依据动态变化的局面不断地调整判断,在不同阶段对不同的对象施加影响力。顾问不是一味地对人选进行施压,也不是一味地请求客户让步,而是要看清楚谁更希望达成合作。

顾问需要明确的是,人选更想加入企业,还是企业更希望人选加入,这决定了顾问需要将注意力和精力更多地放在哪一方,让哪一方调整自己的冲突应对策略是更可行的。

如果团队长、管理者基于更多的客观信息收集、整理和分析后,发现客户和人选双方对于合作达成的意向度都不高的话,就要及时让顾问跳出来看清局面,并建议顾问开始寻找新的人选,制定并落实下一步的行动方案。

对于内部团队和外部客户,冲突处理的基本原则是一样的,猎头追求的始终是双赢型的合作,鼓励的是合作型的冲突,运用不同的策略应对不同的事项也只是为了更好地开展合作。

所以,一味地以竞争、迁就、妥协策略达成的合作并非真正意义上的合作,一味地以回避策略掩盖合作中存在的问题也是徒劳无功的,没有让双方共赢的合作是无法长久的。

本章小结

物以类聚，人以群分。想要找到对的合作伙伴，就需要前期慎重考察其为人处世的观点、经商的理念、合同谈判时所表现出来的想法及背后的价值观，人不可能影响和自己价值观南辕北辙的人。

团队长、管理者容易进入的误区：在不要以己度人的时候，以己度人；需要以己度人的时候，往往又希望别人能换位思考。

人们在竞争中合作，在合作中有所妥协退让是合作的常态。想要增加自己的影响力，就要能处理好各种矛盾和冲突，激发和使用合作型的冲突增加自己和团队及客户的合作可能性，提高合作的效率，以及增强基于合作所带来的正向影响力。这就需要团队长能够厘清并打破自己的非理性信念，不被过往束缚，能跳出来看清世界的运行规律，而不再用简单的"我觉得"来了解他人的动机和行为。唯有如此，团队长才能够对内有凝聚力，对外有影响力，成为识人心、懂人性，能团结队友，能启发客户的人。

本章要点梳理如图 2.7 所示。

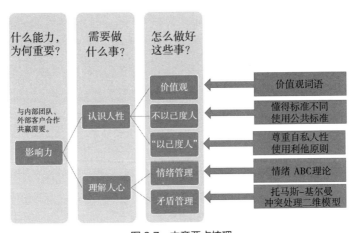

图 2.7　本章要点梳理

第二篇

领导力进阶

——从自我领导到引领他人

继上一次吃饭后，几个月很快过去了，又到三人组约定的碰头时间了。不凑巧的是凯瑟琳的两个孩子都得了流感，不得不缺席此次碰头。南希看到格蕾丝最近的朋友圈不时晒些花花草草，于是邀请她一起去上一节花艺体验课，然后再聊事，格蕾丝欣然答应。

上完课后，在洋房内的咖啡馆里坐定，格蕾丝问道："课很棒，多谢美意。这次是不是你又遇到什么难题了？"

南希说："和你的大团队比起来，我遇到的都不能算是难题，但我的确想听一听你的分析。虽说我现在是个小老板，但管理经验没你老到啊。我们第一次聚会时，你还记得吗？我说过当时我公司走了两个我最看好的顾问，其中有一个是团队长。本来我想着自己团队里剩下的人都不太够格，想从外面再招聘一个团队长的。你和凯瑟琳都反对嘛，说是再外招，内部的人就更觉得自己没有发展空间，没盼头了。我合计了一下，觉得是这么个道理。于是我就在内部提拔了一个我觉得业绩也还不错，人也挺聪明的小伙子艾瑞克，到现在差不多两个月。我想着聪明人嘛，我别管头管脚的，让他先自由发挥看看。到本周五前，我还以为他发挥得不错，毕竟他们团队最近的业绩还行，还签进来一个不错的客户。但谁知道我竟然收到了联名邮件。"

格蕾丝来了兴趣，问道："联名邮件？联名说他不好？你们公司不大，顾问搞那么大，真够可以的哇！"

南希哀叹道："别拿出这种表情嘛。我们小公司，让他带的人也不多，一共就四个，现在有三个人联名写邮件说希望换队长。邮件里没给出太多的信息，估计就等着我去问呢。说实话，我做猎头这些年真没遇到过这样的事。职场中背后说说老板、队长坏话的人很多，敢于直接发像告知书一样的邮件的，极少吧。我都不知道艾瑞克到底做了什么让这些顾问那么不满。"

格蕾丝接话道："对啊。问题就出在你不知道。不能管头管脚，但也没让你不闻不问。艾瑞克给你的信息可能让你觉得他们团队一切正常，你看到的业绩表现也还行，你就觉得没问题了。但是，你根本不知道艾瑞克到底怎么带团队的！如果他手下的几个顾问并不是刚踏入职场的热血青年，那么，能让他们几乎算是公开叫板的队长，大概率存在不小的问题。"

南希拨动着咖啡勺，转了几圈，抿了一口后说："是、是、是。所以，姐姐，你觉得我现在怎么处理比较好呢？我打算先去找艾瑞克谈谈，问问他平日里是怎么管团队的。先看看他自己有没有意识到他的队员并不喜欢他，如果他连这个意识都没有，那真的是比较难办了；如果他自己其实也有所觉察，那么，他有没有已经感觉到自己的一些管理方式有待改进。再听听他自己是怎么评价他的几个队员的。如果还能救，我打算给他一个月的时间作为考察期，让他做调整。在此期间，我也会给予必要的指导。毕竟他有问题的背后是我有问题嘛。我赶鸭子上架，但没有给予必要的支持，这是我的过失。"

格蕾丝说："我觉得你的思路挺好的啊。不可能因为下属对领导不满就直接把领导干掉。如果那样，公司的领导就不是你，是顾问了。但是，我想知道你说的还能救是靠什么去判断的？"

南希回答："我会去确认他有没有触犯公司的原则底线。没有的话，他对团队长的角色认知不足也好，对管理的想法不成熟也好，都可以再教育、再培养。我也会去约谈那几个顾问，让他们给予自己和他人一个机会。"

格蕾丝说："虽然不知道你们这几个顾问的实际情况，包括是不是有些个人恩怨，或者说个人的私心，但因为是你把艾瑞克从他们中间提上去的嘛，作为过来人，我想多少都可以理解这种人之常情。人总是站在自己的角度思考问题，那么，对别人就难免会有失偏颇。所以，怎么让大家开诚布公，怎么让大家换位思考，怎么让大家都把注意力放在自我成长和有利于团队发展的事情上，这就需要你去带头努力了。我等你的好消息。"

南希说："我咋感觉你这是要赶我走的节奏。我还没问完呢。"

格蕾丝道："你其实想问我，会不会给了艾瑞克机会，他还是没有被扶起来，或者这个过程中，甚至刚聊完，就有顾问要离开，会不会有顾问觉得你偏心，等等。我也知道你被前不久离开的两位顾问多少有点打击到了。人都会对自己的决策有不那么确定的时候。但你冷静下来想一想啊，人要走、要留，能不能带好团队，我们选择的策略能不能达到我们的期待效果，很多时候真的不是我们能掌控的。只要你觉得你的想法是出于公心，为了大家好，为了团队好，那么，你就大胆地去做。你这个事也提醒我了，有了中间层后，哪怕都是自己带起来的人，了解一线顾问的民意也是松懈不得的。"

南希笑道："你真是我肚子里的蛔虫啊。"格蕾丝从她略有所思又逐渐坚定的眼神中看出了她的决定。之后，通过调查了解，南希发现艾瑞克被诟病的主要有两点：一点是他容易暴怒发火，让顾问们觉得他情绪不稳定、不成熟；另一点是他的沟通方式过于强硬，不管是开会还是私下沟通，总给人感觉他就是要摆出领导的样子，指挥人干这、干那，让人不舒服。这些在他没做团队长时，都是没有过的。

这些问题艾瑞克自己也意识到了，并表示主要是因为自己有很大的压力感，一方面是害怕自己做不好，辜负老板南希的信任；另一方面是想尽快证明自己是能带领大家做出业绩的。艾瑞克也提出了自己的困惑，他觉得手下的顾问对结果的渴望没那么强烈，对个人业绩的渴望都不够强烈，又如何会关心团队的结果呢？他想要以自己为例去激发团队成员，却事与愿违。所以他的感受就是他想要拉着大家一起去爬山登顶，结果大家爬得不情不愿。每当这种时候，他就特别恼火。谈话结束后，南希给了艾瑞克一个思考题：把你拉着他们去爬的想法换掉，换成怎么做可以让他们自己愿意去爬呢？她也给谈话的团队的几个成员留了一个思考题：如果你是团队长，你会希望你的团队成员是什么样的？如果他们会给你建议的话，你觉得每个人会对你说什么？

从上述对话中，我们可以发现涉及的问题如下。

·对自身的岗位角色与人生追求之间的关系认识不足。

- 只知道团队和个人的业绩目标，但对两者之间的关系认识不足。
- 只有工作任务的责任意识，但对工作任务和自身发展之间的关系认识不足。
- 在业绩压力前面，团队长及顾问的情绪稳定性不足，团队氛围紧张。
- 团队长在各种沟通场景下使用的沟通方式单一，以指令批评式的表达为主。
- 团队长不懂管理业务和管理人的不同，只考虑推进事，不懂得激励人。
- 对如何与角色发生了变化的同事相处，顾问的意识转换不及时。
- 顾问对团队长的管理方式、管理理念的认可度有限。

上述问题都反映出领导能力的不足。领导能力分为自我领导、自我管理和引领他人。领导能力的不足在各种组织和团队内普遍存在，也是打造高效能团队路上的拦路虎之一。领导力不足会导致团队长无法调动顾问的工作积极性，无法引领顾问做更多尝试、更多协作，无法发挥出更多的潜能并使得团队创造出更好的成绩。

人的天性是不愿意被他人管理，而社会、组织却需要人在自我管理以外，受到集体要求下的约束，并需要根据共同的目标调整自己的行为。这就需要处于管理者角色的人拥有领导能力，以合适的领导方式来组织团队开展工作，实现组织目标。

领导他人，首先需要能够领导自己。如果团队长不知道自己的人生目标是什么，也不知道如何将自己的人生目标与所从事的工作联系起来，那么也不可能协助他的团队成员实现这种联系，其对团队的激励就会停留在马斯洛需求理论的基础需求层面上，那么，这个团队很难成长为真正的团队。

在日常工作中，强结果导向的工作属性会让人长期处于压力下，业绩要求带来的压力会层层传导到每一个人身上。如果团队长无法管控好自己的情绪，钝感力不强，逆商不高，管理自己都不容易，管理他人就只能依靠职位、职权带来的有限作用了。这和引领他人的领导力是完全不同的。团队长想要引领他人，除了能够塑造共同目标，更需要在共事合作的过程中能够高效沟通。所以，提高自我领导和引领他人的能力是成为优秀团队长的必修课。

本篇接下来会分别从提高自我领导的能力和提高引领他人的能力两个部分来展开具体的说明。本篇旨在让团队长找到自己的追求，能够更好地面对逆境，通过理解并塑造共同的使命、愿景、价值观，以非暴力沟通的方式来解决"做人"维度上的相关问题，使得团队在共事的过程中，能够不断地在领导与被领导、自我领导和引领他人之间适应角色变化，发挥积极作用，为实现共同目标而努力。

【注】在篇首的故事中，南希究竟是如何做的？

扫码查看文章，可用微信自带的听读功能。

CHAPTER 3

第三章
自我领导——领袖魅力引领众人前行

如果一个人连自己都领导不好，又如何领导他人呢？猎头的工作属性容易让每一个顾问成为单兵作战的王者，在晋升为团队长后，就会面临很多的不适应。因为大多数猎头公司的一线团队长既要自己做好业绩，又要带领团队完成业绩；既要管理人，如人的情绪、意愿、心态等，又要管理事，如业务的拓展、跟进、维护等。这比过去只需要管理好自己的事，难度大了不少。因此，能够管理好人和事的团队长就比较稀缺了。

近年来，不仅新手团队长会觉得压力大，队伍难带，每天焦头烂额，想做好却总是不得其法，就连不少老的团队长也会因为团队规模的变大、业务多变的风险增大、新生代员工的新特点而觉得自己有心无力，管理水平不够。但大家往往都是从如何管理他人、如何领导他人的角度思考解法，却忽略了自我管理这块仍有很大的提升空间。在确立团队共同目标之前就需要有个人目标，在带领大家走出来之前就得自己能走出来。

本章将简要地谈一谈自我领导的两个核心要点：如何找到自己的人生最高目标和如何在逆境中前行。

3.1 规划人生——你想如何演绎你的猎头生涯

国际著名领导力和人际关系大师约翰·麦克斯韦尔提出了领导力的五个层次，如图3.1所示。

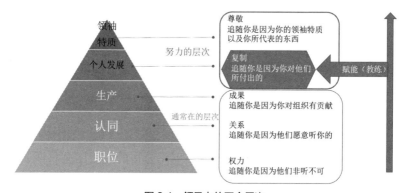

图3.1 领导力的五个层次

大多数管理者只能停留在从下往上数的三个层次，而要成为优秀的管理者，具有真正的领导力，是需要达到上面的两个层次的。实现这两个层次，首先要成为自己，活出真我、大我，那就需要思考成为怎样的自己，要如何度过此生，即人生的规划是什么。

3.1.1 我为什么要做猎头？

NLP思维逻辑层次理论这个工具可以协助我们找到人生方向，达成事业目标。这也是构建团队目标的第一步。

NLP 思维逻辑层次理论，也叫理解层次，早期被称为 Neuro-Logical Levels，最初由格雷戈里·贝特森提出，后由罗伯特·迪尔茨整理，在 1991 年推出。其是一套有着六个层次的模式，如图 3.2 所示。

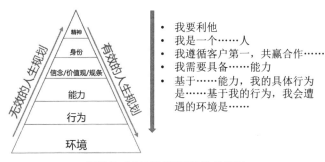

图 3.2　NLP 思维逻辑层次的应用

NLP 思维逻辑层次模型可以用来改变人们的认知，从被动应对环境变化到主动思考自己要如何在变化的环境中主动出击，预防问题的发生。在 NLP 思维逻辑层次中，环境、行为、能力被称为低三层，这是我们可以意识到的层次，也是我们日常的思考和行为所观察依赖的层次。而信念/价值观/规条、身份、精神（系统）被称为高三层，这是在我们日常生活中需要认真思考、深入分析才有可能发现并利用的层次。用 NLP 思维逻辑层次来规划自己的人生，进而主动应对和处理各种问题，其实就是为了让人学会自上而下地思考，而非从下而上地行动。

具体来说，如果一个团队长是因为自己的业绩好被上级提拔为团队长，其可能知道团队长需要做什么，也知道晋升为管理者对自己来说是一种肯定。但是，如果他不知道自己为什么要做团队长，那么他在面对困难、挫折、挑战的时候，就会抱怨环境、指责团队和归因于任务太难，而不会思考自己还能做什么，甚至会直接放弃。

显然，这些都是因为他没有想明白个人的职业发展诉求是什么，人生规划是什么，而只是被动地接受了安排。换言之，这个团队长和艾瑞克一样，只知道业绩目标需要被完成，自己也需要鼓励大家去完成，但是他说不出来为什么一定要完成，以及完成业绩目标除了可以获得物质报酬外，还能获得什么。

自己没想明白的事是无法给别人说明白的。所以，成为一个优秀的团队长对自己意味着什么，和自己的人生目标有怎样的联系，这些问题就是NLP思维逻辑层次所展现出来的具体问题，是需要我们去深度思考和给出自己的答案的。

每一个团队长都可以按图3.2所示的句式写一写自己的人生规划，也可以让团队成员写一写他们自己的规划，在大家的诉求中找到共同的诉求，接着再把共同的诉求和团队的业绩目标挂钩联结起来。这样才可能避免基层员工觉得自己的努力只是为了给老板创造价值，让团队长可以给老板交差。

3.1.2　降维解析：高层次视角下的智慧抉择

人生中所遇到的问题，如果从高一个层次的视角去看，就能轻易找到解决的方法，如果在同层次或更低层次寻找方法，效果往往不尽如人意。这道理反映的就是NLP思维逻辑层次理论。

一个顾问没有完成一周的推荐报告数据，如果从环境层次找原因，团队长和顾问可能都会觉得没有完成是可以被接受的，可能的原因如下。

- 年底了，人选趋于保守而不愿意跳槽。
- 大家对于经济大势的走向不够乐观，所以对于跳槽更谨慎。
- 行业内的公司普遍减少了职位的招聘量。

在这种情况下，团队就不会认真地想办法来改变这种局面。

如果从行为层次找原因，团队长会发现由于顾问对环境的判断和对人选决策的推测，自己减少了电话沟通的数量，在沟通过程中主动地放弃了很多分析和建议，导致报告数据的不足。在这种情况下，顾问通过改变行为，就会让数据发生变化。

如果从能力层次找原因，团队长会发现顾问在沟通中做了力所能及的分析和建议，但由于话术水平有限，说的道理没能够打动人心，无法触及职业发展规划中的深层次的问题，引发人选就自身发展进行深度的思考，因此还是没能提高报告数据。在这种情况下，其实只要通过不同形式的分享和指导来提高顾问的技能水平，就可能改变结果。

从信念/价值观/规条层次来找原因，团队长会进一步发现顾问内心有一些不合理信念存在，比如其觉得个人阅历没有人选丰富，自己从猎经验较短等，都必然会导致其无法影响候选人的想法。在这种情况下，其实帮助顾问看到自己的不合理信念并转变成合理信念，顾问的能力才会得以发挥，行为才会得以改变，结果才可能有所不同。

从身份层次来找原因，团队长会进一步发现顾问和绝大多数人一样，只是把工作看成是一种谋生的手段，觉得做得好和做得不好都不能改变自己是为别人打工的命运，但其实每个人都是在为自己打工，无论是在职员期还是在创业期。如果团队长能够让顾问重新理解和认知自己的身份角色，那么，结果也就可能大不相同。

从精神层次来找原因，团队长可能会发现自己和顾问都没有真正地去想清楚，自己的人生使命是什么，通过职场的经历想要留给社会什么，那么，当遭遇环境因素的影响时，我们就容易被动应对。

尽管每个人都希望创造出一些对他人、社会有益的价值，但由于我们没有想过具体的价值是什么，以及如何实现这样的价值，就很难将个人想要撰写的人生故事和实际生活中的遭遇联系起来，以此指导自己应对工作、生活中的各种挑战，并在此过程中发挥更多的个人潜能，实现更大的自我价值。

正是最高层次的认知混沌导致我们在有能力时并无意愿，可以行动时并无行为。所以说，从更高的层次去思考问题，用所谓"降维打击"的思维模式去破解问题并非小题大做，而是事半功倍的捷径。

总之，从"要我做"到"我要做"，需要每个人去探寻自己的人生追求、工作乐趣是什么。这些都需要团队长起带头示范作用，从自己开始，先想清楚我要做个什么样的人、什么样的猎头、什么样的队长，取得什么样的成就才是最能让自己开心和期盼的。

3.2 被忽视的逆商

3.2.1 作为团队长，你在"扎营者"的位置上多久了？

美国的保罗·史托兹博士提出了逆商理论，旨在将研究所得的成果展现，帮助人们更好地认识、了解以及改善自己在逆境中的表现。成功者往往是在逆境中表现更好的人，所以提高自己的逆商，学会积极主动地跳出逆境就成了人们的必修课之一，在猎头行业更是如此。

对于顾问而言，一个案子的成功需要从前到后的每一个环节都不出错，由于国内猎头行业普遍的后付费模式，猎头顾问的过程性付出在案子没有成功的情况下是没有任何佣金回报的。一个顾问在前一天预计自己会有20万元的回款，但可能后一天这笔回款就落空了，少了这笔回款，其当月、当季度的业绩完成率可能就会大打折扣。所以，逆商不高的顾问很容易情绪波动，并导致业务水平的发挥不稳定，若面对这类逆境，顾问没有成长起来，就会选择离开行业。而团队长除了肩负个人的业绩压力、团队的业绩压力外，还面临着团队人员的选育留用的压力、业务方向性选择的压力等，一个闪失可能就会导致团队业绩下滑，甚至团队分崩离析。

近年来，一方面经济增长放缓促使各行业加速升级。在升级的过程中，企业之间的竞争加剧，一面招兵买马，一面裁员优化，猎头面对的外部环境变得越来越有挑战性和不确定性。另一方面，就业压力加剧，20世纪70、80年代出生的人迎来中年危机，普通人在寻找出路的过程中，涌向的行业中也包括人力资源领域中的猎头行业。因为相较于其他领域，其创业成本依旧属于门槛低、投入小的一类，这就导致了行业内高中低水平齐聚，良性、恶性竞争并存。可以说，猎头顾问、团队长、管理者这几年面临的各种逆境恐怕比过去30年的总和都要多。

所以，很多新人猎头、团队长会觉得自己每天的心情像过山车一样此起彼伏。猎头的工作性质决定了这个行业群体的人会时常遭遇各种突发状况，被人选"暗算"，被客户"背刺"。那么，如何让自己跳出情绪，积极主动地应对各种突发状况呢？

逆商理论

"逆商"全称为"逆境商数",逆商指数把人分为三类,这三类人和我们熟悉的马斯洛需求理论也有对应关系,如图 3.3 所示。

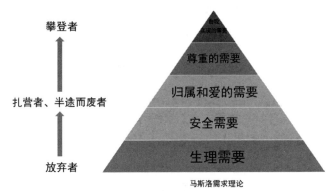

图 3.3 逆境商数与马斯洛需求理论的对应图

- 攀登者:那些坚持不懈的人,他们会不断努力、进步、成长、学习,提高自己的才能。
- 扎营者、半途而废者:那些待在自己舒适区的人,他们努力工作,尽心尽责,但是,取得一定成绩后就会待在自己的舒适区。
- 放弃者:那些自我放弃的人,他们常常是痛苦的,想要逃避困难,才能有限。

通过分类,我们可以先判断自己当下属于哪一类,需要往哪一类发展。

显然,面对挑战,想要取得成就,就需要做攀登者。很多管理者是因为选择了做"扎营者",才导致在面对真正的挑战时无法迎战,败下阵来。很多猎头团队从自己熟悉的行业赛道转型新赛道时,屡屡受挫,不得其法。主要原因就是他们在舒适区待久了,没有及时积蓄实力,等到不得不转型时,已错过最佳转型时机,匆忙上阵,自然赢不了其他有所准备或早已深耕多年的团队了。如果团队长不愿意做攀登者，就容易变成"扎营者"，在管理团队上手后，退居二线，不再去听"前线"的炮火声，等到时局大变，需要应对困境时，自然也就难以招架了。那么，要做攀登者的话，需要如何提高自己的逆商呢？

3.2.2 走出逆境的 CORE 模型

CORE 模型

逆商理论有一个 CORE 模型，该模型有四个维度，分别是 Control（掌控感）、Ownership（担当力）、Reach（影响度）及 Endurance（持续性），如图 3.4 所示。

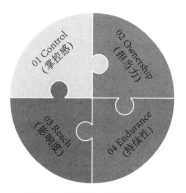

图 3.4　逆商理论 CORE 模型

当困境来临时，我们想一想自己是否能掌控局面，能掌控多大的局面，自己是否愿意担当，承认自己对于造成这个困境也有责任，对于困境会给自己造成多大的影响以及这样的影响会持续多久进行判断。一个人对于这四个维度的看法和做法的不同，可以展现其逆商水平的高低。高逆商者会觉得自己可以掌控住局面，逆转事态，承担自己该承担的那部分责任，既不全盘推卸责任，也不全盘揽下责任，对于困境会给自己造成怎样的影响，影响会持续多久，都会有更客观的判断和更乐观的预期。

举个例子，有家猎头公司想将业务从地产行业转型到其他行业，老板在自己拟定的几个行业内让各团队自行选择。其中一个团队选择去做新能源汽车领域，尝试了三个月后，团队长来找笔者咨询。

他发现自己的团队在公司团队中的综合表现是最差的，这令他很焦虑。他急需要一堆问题的答案：继续现在的方向还是转变方向？怎么清楚地判断方向？如何保证此次转型成功？继续用现在的顾问还是换一批人？如果换人，如何招聘到合适的人；如果不换人，老人如何提升……

在整个沟通的过程中，团队长表现出的精神面貌用 CORE 模型来分析的话，还是处于高逆商水平的。因为虽然他的问题很多，看得出他面临的挑战和压力也都很大，但细聊下来会发现，他已经有一些自己的思路和解法了，对过去三个月犯过的错误也有自己的总结，对未来的最坏打算也有自己的预测。整体上，他既没有过多地自责，也没有怨天尤人。在三个月的跟进中（对方选择了每月一次的一对一教练对话），笔者见证了他的团队渐入佳境，一步步扭转局面，实现突破。

逆商高的强者面对困境也会焦虑，但不会因此而放弃抗争。在最开始分析的过程中，笔者使用了 LEAD 工具，帮助这位团队长更客观地分析了他所面临的局面，以及未来可以做什么。

LEAD 工具

LEAD 工具的简介如下。

Listen：了解当事人对逆境的反应。根据对方所面临的具体困境，协助其梳理清楚在哪些问题方面，其逆商反应是高的，在哪些方面，其逆商反应是低的，哪些问题是他特别害怕面对的，哪些问题是他不知道如何处理的。

Explore：探索当事人与逆境成果的关系。根据对方所面临的具体的困境，协助其分析造成问题的原因是什么，哪些问题是他造成的，哪些是他可以做得更好的，哪些是需要他负责任的，哪些是不需要他负责任的。

Analyze：分析证据。哪些证据能证明一些问题是对方无能为力的，哪些证据能证明这个困境会给其带来更多其他方面的影响，哪些证据能证明这个困境会比必要的时间持续更长。必要的时间是指人们对于解决一个问题所需花费时间的普遍看法。比如，猎头团队成功进入新领域，从 0 到 1 的突破需要 3~12 个月左右。如果没有证据可以证明要进入的领域其确实无法进入，那么就说明对方的一些设想、推断是偏消极悲观的，并非事实。

Do：行动。为了跳出逆境，对方还需要哪些资料，比如对于细分领域的排摸及排摸所需要的人脉、报告资料；可以管理的挫折有哪些，比如顾问培养方面的折损；可以做些什么以限制逆境的影响范围，比如如何在团队面前保持信心，减少焦虑在团队和自己家人身上的传递；可以做些什么来缩短逆境影响其目前状态的时间，比如采取抽时间运动等其他一些调节性举措来减少陷入内耗状态的时长。

总之，只要团队长愿意使用 LEAD 工具或其他相关工具来帮助自己以积极的状态来面对逆境，找出可以走出逆境的正确的思考方向和行动步骤,那么,其就有可能以同样的办法来引领他人走出逆境,共同前行。

·本章小结·

领导力强调的是以身作则、身先士卒的原则。本章仅在"做人"层面以人生规划和逆境应对为要点作简要阐述。我们可以利用NLP思维逻辑层次进行人生规划的顶层设计,利用逆商理论及LEAD工具来逐步走出逆境,改变对事情的看法,从而改变应对困难的思路。

这两点对于个人领导至关重要,并且其同样适用于引领他人,我们可以授人以渔,做到和团队一起共塑愿景和共同前行。

本章要点梳理如图3.5所示。

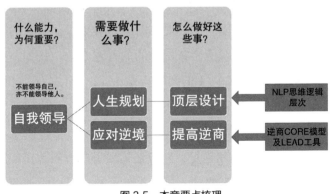

图3.5 本章要点梳理

CHAPTER 4

第四章

引领他人——团队长智慧引领，共筑前行之路

当团队长拥有了清晰的人生规划和事业目标之后，自然期望带领团队共创佳绩。然而，在实际管理过程中却常遭下属误解，认为领导要求仅出于彰显权威或完成个人任务的目的，导致顾问的工作积极性降低，主动思考和承担行为减少。

猎头顾问虽面临业绩压力，但仍会犯很多常见错误，比如只关注个人业绩目标，忽视团队业绩目标。究其原因，一方面是团队长没有让每个人将自己的目标与团队目标挂钩，将业绩目标和人生理想挂钩；另一方面是在遇到各种问题的时候，由于人际沟通的水平、自我情绪管理的能力及管理经验的各种不足，导致和下属的沟通并不顺畅，无法真正影响下属。

虽然领导力的定义有很多种，论述领导力的原则、构成要素、包括的能力也有很多种不同的提法和理论模型，但基本上都会包括规划和塑造团队愿景的能力，以及推动团队行动的沟通力。因为管理者无论是想要激励人心、挑战现状还是启动愿景，都需要以身作

则去带领众人同行，而自身的表现和希望团队能做出的表现都是建立在良好的沟通基础之上的。

本章将简要阐述团队长如何和团队成员一起共塑团队愿景，打造团队开放型的心智模式，促使工作任务朝着既定的目标推进。

4.1 共塑团队愿景

在实际工作中，我们往往是由于不满意现状，或遇到新的挑战，比如顾问晋升成团队长后遇到一系列的问题和挫折，才开始思考自己要什么，以及要做什么。

从惧怕失败，害怕再次遭遇挫折的小循环中走出，往往需要跳出问题思考，而此时想要思考得更清楚、更全面，从而有创造性地去解决问题，就需要先弄清楚自己的目标是什么，比如要做一个怎样的团队长。

在明确了目标之后，才能激发自己承担起属于自己的责任，给出别人可以相信的承诺，并如前面情绪 ABC 理论所揭示的那样，找出面对问题时自己一直存在的非理性信念，从而形成新的理性信念并转化为有效的行为，最终将新的有效行为固化为新的习惯来处理问题，并进一步能够面对同类问题。

成长需要的就是每个人从抱怨问题的小循环走到解决问题的大循环，无论是个人问题还是团队问题，都是一样的，如图 4.1 所示。

那么，如何让团队成员参与进来呢？这就需要共塑团队愿景。愿景并不等同于目标，目标往往是用来形容中短期的目的、过程型的任务，而愿景则是中长期的目的，是结果型的任务。愿景不是今年需要做多少业绩，这类数字目标往往很难起到激励作用。很多团队长认为愿景、使命、价值观是公司层面的事，自己只需要听之即可，这种想法是大错特错的。

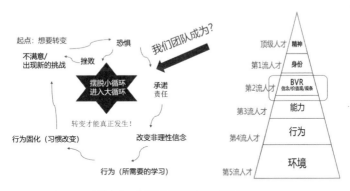

图 4.1　共创愿景引领积极转变

每一个团队都需要有自己的团队愿景。有一个整个团队的人都为之欢欣鼓舞的目标，才能激励他们勇往直前，在遇到困难挑战时，才能够选择走出小循环，走向大循环。

你想要的封面故事是什么样的？

团队长要如何共塑团队愿景呢？有什么方法、工具？

团队长可以在自己新上任之后，或季度、半年度及年度会议时和团队成员一起进行封面故事的共创，通过这个方法让团队真正拥有属于自己的愿景。每次遇到内部矛盾、外部投诉等问题时，都可以通过该愿景启发团队成员思考，把大家从相互指责、内耗或事不关己高高挂起的心态转换到"我可以做什么""我们还可以做什么""如何朝着愿景去努力"的轨道上。

团队共创封面故事的具体操作步骤如下。

1. 团队一起画出多少时间（如1年）后，当团队成功实现了愿景，为用户创造了卓越的价值而登上了知名媒体的封面，以团队所希望呈现的内容画出杂志封面。

2. 某个成员作为代表讲述这个封面故事，包括为什么是这本杂志，为什么是这样的愿景画面，以及具体的愿景陈述是什么，利益相关方会如何评价这个团队。

3. 其他人以团队成员的视角来补充、修正。

4. 其他人以利益相关方的视角（内部协作的团队、部门及外部客户、人选）来补充、修正。

5. 一起做出最终版本的杂志封面，最好让每个成员都讲述一遍这个封面故事。

6. 团队人手一份杂志封面，尽量让大家放在桌上醒目的地方。

团队愿景可以是三年内成为本省内专注于某领域的猎头团队，并具有一定的业界知名度，具体的衡量标准可以由团队成员进一步讨论、细化，做到有定性也有定量，可以按年进行分解。比如，一年内成为公司人均产值最高的团队等。

当然，一切愿景都要符合团队实际情况，换言之，愿景不能仅仅是团队长个人的梦想，而应该是大家共同的向往。共同的向往自然也可以和每个人的人生规划、家庭负担、个人憧憬相联系。

有一个团队长在升任分公司合伙人后，意识到有必要重塑分公司的团队愿景，让团队走出舒适区，从兔子变回狼。于是，他在一次开大会的时候，提出了个人对团队愿景的设想，据其描述，当时自己感觉热血沸腾，演讲激情澎湃，团队伙伴也是非常支持的。可是，开完会后，他发现团队伙伴并没有任何改变，于是前来向笔者咨询。

合伙人的不解之处为"我提议的愿景明明很好，为什么你们没有反应呢？"，这其实就和老板决定公司的使命、愿景、价值观是一样的，词都是好词，梦想都是好梦想，只不过员工对此没有任何感触。于是笔者建议他通过共创封面故事共塑愿景，并且强调不要以团队长主导的形式开展，一定要全体成员参与，让每个人说出真实的想法。然后再把几个团队组织到一起，分享各自的团队愿景，最后再用同样的流程做出整个分公司的愿景。只要大家做出来的愿景和集团公司的愿景不冲突，那么无论怎样的愿景都是可行的。

合伙人抱着试一试的心态让几个团队长组织活动，效果出人意料得好，于是邀请笔者参与了分公司层面的愿景共创活动。

大多数时候，管理者会采用自上而下的方式推动组织的战略、政策、制度的落地，笔者建议偶尔也可以采用自下而上的管理方式。像团队愿景这样的共同目标，如果没有团队成员的认可，只能是空留纸上的口号。

参与感很重要，人们总是对自己参与讨论并拍板确认的事更为认可。就像上述案例中的这个团队，其最终讨论出来的愿景和合伙人当初提出的愿景差异并不大，但经过这样的共创活动之后，给所有人的感受以及后续产生的效果却大不相同。

总之，愿景是什么不重要，重要的是这个愿景是每个人所向往的，兼顾人的精神层面和物质层面的需求，是能够催人奋进的，同时也让人知道愿景单靠自己是完不成的，还需要团队的力量。

4.2 共享开放型心智模型

拥有开放型心智模式的人,相信自己可以成长。很多人之所以不成功,很多团队之所以离心离德,往往是因为被旧有的认知水平困住了。比如,很多人不相信团队内部是可以实现友爱互助、分享协作的。所以,要让共塑出来的愿景落地成为现实,仅有共塑时的激情是远远不够的,还需要团队长注重团队认知水平的提升,即从自己做起,发现并帮助团队成员意识到阻碍自身迭代的旧有模式。

旧有模式不仅仅是非理性信念所引发的语言和行为的外在表现,还有非理性信念本身,以及很多思维上的盲区、误区。

4.2.1 焕发沟通生命力:让你的话语更具感染力和影响力

通过 NLP 思维逻辑层次理论,我们已经知道如何自上而下从顶层规划自己的人生。但要落实到如何应对自己遇到的每一个问题,我们往往还是会停留在旧有的思维-行为的心智模式中。

想要转变,就需要看见自己的旧模式,再生出新的想法、新的言行,形成新的心智模式,以此应对同类问题。虽然人们可以通过学习、觉察、顿悟等来实现模式的转变,但对于多数人来说,仅靠自己还是很难的。

作为团队长,有义务和责任推动团队成员从旧的心智模式转变到新的心智模式,这就需要用到 GROW 模型。

GROW 模型

GROW（成长）模型是教练技术所使用的一种经典的对话流程模型，最早出现于《高绩效教练》一书，具体内容如图 4.2 所示。

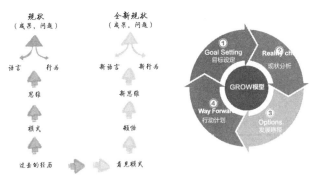

图 4.2 GROW 模型

通过该模型的运用，团队长、管理者能够更好地赋能团队成员进行主动思考，创造性地应对自己面临的各种问题和挑战，发现自身隐藏的问题以及认知的盲区。

在组织中使用 GROW 模型，其目的就是通过对话来帮助员工成长，提高员工的工作表现。

G（Goal Setting）：工作或一件事情的目标。
R（Reality Check）：现状，客观事实。
O（Options）：解决方案，路径。
W（Way Forward）：确认行动，行动计划。

GROW 模型的整个对话流程分为四个步骤（G→R→O→W），以提问的方式展开。GROW 模型中的提问注意事项如下。

一、好问题需要具备的要素

1. **开放**。虽然在对话中也可以采用封闭式的问题（答案只有是或否的问题），但大部分提问都应该使用开放式问题，以此启发思考，激发好奇心。

2. **启发性**。需要结合深度聆听的技巧，全方位地理解对方的想法和感受，换位思考，从而发现对方的思维盲区、误区，用提问的方式，让其有所发现。

3. **多角度**。在澄清现状和选择方案的阶段，尽量从不同角度、维度去进行提问，引导对方对现状、对可选方案有更全面客观的认识。

4. **简洁明了**。如果可以用简短的句子提问，就不要使用过多的修辞和解释说明。要尽量让对方能够直接从问题的提法就知道提问者想要问的是什么，而不需要揣测提问者要问的究竟是什么。

5. **着眼未来**。谈话的目的是实现未来的成功，而不是纠缠于过去的失败。因此在提问时要着眼于未来的可能性，未来可以采取的行动，未来改变后能够达到的状态。

总之，除以上五点外，谈话中如果察觉到下属顾问没有理解自己的问题，那么就要重新提问，并确认一下对方这次是否真的理解了。

二、好问题需要避免的误区

1. **诱导性问题**。诱导性问题是把自己的感受、评判、想法和建议夹杂在问题里面，并且预设了期待的答案。相当于提出了一个设问句，比如："你也是想要完成业绩目标的吧？"这会让对话偏离初衷。

2. **为了提问而提问**。GROW 模型在使用过程中可能会让团队长以为自己只能用提问的方式推进谈话的进程，但其实简要复述对方的回答或用沉默回应，以让对方展开更多的解释都是可以的。千万不要为了提问而去提问，这是本末倒置。

3. **失去焦点**。有的顾问特别能说，尤其在其想要避开当下谈论的话题，不想正面回应问题时，就更可能说得很散、很空，看似侃侃而谈，实则全是废话。这个时候，性格上总是希望赢得对方好感的团队长往往不敢打断对方，这样就会影响对话的效果。所以，一旦发现对方跑题了，就要迅速把其拉回主题。

4. **频繁打断对方**。有的团队长耐心不足，在谈话过程中听到顾问的一些想法后，急于做出自己的判断，想要施加自己的想法，以至于从问答模式变成了单边输出模式。虽然在选择方案阶段，团队长可以适当分享自己的经验，但是一定要把握尺度。GROW 模型的对话是为了开启顾问的思路，启发其思考并找到解决方案。如果团队长总是越俎代庖，顾问很难得到真正的锻炼和成长。

5. **过多使用"为什么"**。"为什么"的问法很容易让人感觉是在被质疑，引起对方的抵触情绪。表达方式可以把"为什么"改为"是什么原因"，比如"是什么原因让你认为肯定完不成业绩指标"。

整个谈话的过程，管理者的目的是唤醒顾问的认知，让他们能够释放自己的潜能，积极主动地承担责任，敢于去迎接挑战，尽力去实现被自己认可同时也是组织期待的目标。

年初计划一对一沟通

对于任何团队的管理者而言，年终复盘会和年初计划会都是至关重要的，都会通过一对一的沟通方式落实到人。那么，猎头团队长在和自己的成员做一对一的年初计划沟通时，如何来运用 GROW 模型呢？

以沟通年度业绩目标进行举例。

一、目标确认阶段

1. 新的一年，你的个人目标是什么？其中，业绩目标是怎样的？非业绩目标是怎样的？
2. 对于公司制定的业绩目标，你怎么看？
3. 对于团队中需要你完成的业绩目标，你怎么看？
4. 对于完成目标的信心，从0~10分打分，你打几分？
5. 对于被你扣除的信心分数，你扣除在哪里？
6. 如果要提升你的信心分数，你觉得需要什么？
7. 你觉得自己的个人职业发展目标和新的一年的业绩目标要如何联系起来？

这一阶段需要明确的是个人与个人目标之间的联系，即一个目标是顾问自己想要实现的，而非外界强加给他的。顾问觉得做不到，没信心做到，除了客观存在的问题和挑战让人有畏难心理外，也有主观因素的影响，例如缺少清晰的职业目标，对自己、对团队信心不足等。所以，这个阶段团队长需要做的是，让个人年度目标和个人发展目标联系起来。

二、现状分析阶段

1. 你觉得你面临的现状是什么？
2. 你提到的……能具体讲讲吗？
3. 你觉得哪些属于环境因素，哪些属于人力因素？
4. 人力方面，你觉得你可以做些什么改变？
5. 技能层面上，你觉得你需要哪些提升？
6. 你打算如何实现技能层面的提升？
7. 在客户维度，今年你打算怎么做？

8. 在交付维度，今年你打算怎么做？

9. 你觉得谁能支持到你？

10. 你希望我怎样支持你？

11. 还有什么困扰到你，让你对完成目标没信心的因素吗？

12. 如果没有了……因素，你就有充分信心了吗？

这一阶段需要清楚客观现实和主观认为的部分分别是什么。团队长需要让顾问在提问和回答中，逐渐思考清楚哪些是人力无法控制的因素，哪些是人力可以改变的因素，进一步让顾问思考和梳理清楚自己要怎样去做。

三、方案选择阶段

1. 如你所言，你需要更多的新客户，目标客户量拆解到每个月的话，至少需要一家新客户，那么，你打算如何完成任务？

2. 你提到希望新的一年可以拿到更多高年薪的大单职位，并且先跟进现有的客户，你打算怎么跟进？

3. 对于提高均单收费和增多职位数量两种路径，你怎么看？

4. 一开始你提到不想自己做业务拓展，分析之后，你发现了业务拓展是势在必行的，那么，你打算怎么做？

5. 你提到希望我能够陪你见一些客户，那你具体的打算是什么？

这一阶段需要团队长与顾问进行细节化的分析和讨论，这往往需要大量的追问和数据分析。团队长在这个过程中，还需要继续启发顾问看到客观现实中的积极面，看到顾问自身还可能有的资源，思考如何突破。

四、行动计划阶段

1. 按照我们的讨论，新的年度计划和第一季度的计划你最快什么时候交给我？

2. 除了公司的计划模板所要求的内容外，你觉得还有什么是经过讨论后需要做出具体计划表的？

3. 你还有什么想问我，或对我说的吗？

这一阶段需要团队长和顾问明确下一步如何去做，只有顾问承诺会做出计划，才可能进一步实施计划。没有具体的目标分解、任务分类、具体步骤和时间规划的话，谈话的效果将大打折扣。所以，在谈话的收尾阶段明确交付物和交付时间，并跟进督导是团队长必须做的工作。

总之，GROW模型是非常出色的谈话沟通工具，可以引导他人为自己负责，为目标奋斗。团队长可以多多尝试，将它运用到日常工作的各种场景中去。

注：需要教练式咨询的读者或想要亲身感受一下这一沟通方式的魅力的读者，也欢迎找笔者咨询。

4.2.2 如何让语言暴力远离你的团队？

微软的创始人比尔·盖茨在演讲中说过："每个人都需要一个教练。我们都需要有人给我们提供反馈，那样才能提高。"GROW模型来源于教练技术，是教练对话的基本流程模型。这种技术需要教练（即提问方）关注到对方当下的情绪，并能及时地提问，引发对方思考。因此，教练技术是科学的对话流程和流动的对话艺术的结合体，想要熟练掌握并非一朝一夕的事。

沟通能力是领导力的基础。这一小节简要介绍一下非暴力沟通框架，希望这个工具能助力团队长、管理者凭借高水平的沟通让团队成员减少误会，加强理解，最终能够实现"我们一起加油干"的共识。

非暴力沟通框架

非暴力沟通（Nonviolent Communication，NVC），由马歇尔·卢森堡（Marshall Rosenberg）于 20 世纪 60 年代提出，与非暴力沟通对应的是暴力沟通。暴力沟通，顾名思义，是让人有不好体验的沟通方式，通常指忽视他人感受与需求，想改变别人的想法来迎合自身利益，比如进行不恰当的道德评判、回避自己的责任、强人所难，等等。非暴力沟通的核心要素是观察、感受、需要、请求，详述如下。

一、观察：学会区分观察与评论

团队长说："你最近电话量少了很多。"这是评价。

团队长说："你上上个月的电话量是 300 个，上个月是 250 个，这个月是 200 个。"这是观察。

"观察"要求人们仔细观察正在发生的事情，然后客观而清晰地表达自己所观察到的结果，并且不加评论。

评论往往会使用"总是""经常""从不""每次""很少"一类没有具体数量的词语，在表达上可能会言过其实，或因为不够精确而让人觉得是推测而不是实际情况，这就容易让人产生逆反心理，从而作出并不友善的回应，引发沟通冲突。

二、感受：学会区分自我感受和想法

感受是真情实感的反映，常与"我感觉……""我觉得……"等想法混淆。比如，对于伤心的表达，非暴力沟通中正确的表述方式是"我很伤心"，而如果转化为内心想法就会变为"我感觉我被你们背叛了"。

学会体会和表达自己的感受，是实现有效沟通的关键一步。比如，顾问说："老大，你催人催太急了。"作为团队长，你可能会有两种反应。一种是自我反思，一种是感到愤怒进而指责对方。在这样的沟通模式下，很容易引发人的负面情绪，进一步导致冲突的产生。

但如果团队长意识到这只是顾问对自己表达的一种感受，这种感受的背后可能是对方对自己有所期望和需要，那么团队长就可能选择用心倾听，并帮助其将没有说出来的需求进行更好的表达，这样做才能从抱怨问题进入解决问题的阶段。

三、需要：表达自己的需求

很多人并不会坦诚自如地表达自己的需求，例如顾问说："老大，你催人催太急了。"如果团队长回答："怎么急了？我已经三天没催你了……"那么，两人的对话即便没有不欢而散，也是毫无意义的。其实，团队长可以回答："你希望我以怎样的频率来跟进你的出报告速度呢？"顾问也可以在表达感受的同时提出自己的想法，这样就不会让对方觉得你仅仅是在抱怨了。

四、请求：学会区分请求与命令

二者的差别主要体现在说话者的心态上。如果自己提出的请求没有得到满足，很多人就会对他人进行评判或者指责，实际上是命令。请求往往是具体的，比如"我希望你明天能够在这个职位上推出1~2个人来"，这样具体的请求就容易让对方接受。但如果团队长说"你明天必须在这个职位上推出人来"，这就是非常命令的语气了。

命令的语气不但无法实现顺利沟通，反而容易引起下属的反感。久而久之，上下级之间的有效沟通就会越来越少，下属对上级的心门就会越关越紧。到那时，团队长在开会和私下沟通的时候，就会觉得自己在唱独角戏了。

把以上四个要素结合起来，就构成了非暴力沟通的基本框架，如图 4.3 所示。

```
当我（看、听、想         当你（看、听、想到……）
到……）                  你感觉到……吗？
我感受到……              （因为）你需要/你在
（因为）我需要/我在      意……
意……                    （所以）你想/你需要……
你是否愿意……
```

图 4.3　非暴力沟通句式框架

非暴力沟通的基本框架是非常简单的，每段对话只有三个核心句式，通过三个句式便点明了它的四大核心要素。

这个框架非常适合管理者使用。管理者可以通过使用非暴力沟通框架应对一些意见不合、情绪强烈的沟通场景，这样不仅可以减少暴力沟通的情况发生，还可以进一步扭转沟通局面，从原本要演变成争吵或沉默的情景转入教练式启发的沟通场景。

在猎头的日常工作中，团队长每天与顾问、人选、客户沟通，大大小小的沟通场景每天不会少于 10 次，在如此频繁的沟通任务下，自然会产生各种矛盾和冲突，何况很多沟通本身就是为了处理工作中产生的矛盾和冲突而展开的。

有一个团队长曾经在晚上 10 点联系笔者，想要咨询一件很紧急的事情。她表示自己团队中的一个顾问最近与客户HR的对接出了问题，总是出现各种不同的状况，导致客户HR对顾问很不满意，向她投诉。

前几次团队长都是忙着帮顾问善后，这次想要很严肃地与顾问沟通，没想到顾问的情绪非常大，顾问最后还说了一句："老板，我想我可能不适合做猎头。"

团队长意识到这次谈话很不理想，于是问笔者导致这种局面的原因。我让这位团队长尽力还原当时的对话场景，我发现团队长几乎做了与非暴力沟通的四个核心要素要求完全相反的操作。

团队长以批评的方式开场，指出了顾问最近的对接做得不好。

团队长完全没有注意到顾问的感受，比如"我真的已经尽力了，我也不想出这些幺蛾子的，我真的觉得心很累"，等等，而是急着想要引导顾问向内归因、找自己的问题。但显然，顾问当时的状态还没有准备好，顾问的感受就是"你根本不关心我的感受，你觉得都是我自己的问题，难道客户就没问题了吗，我不想再听你说下去了"。

此时，团队长感知到了顾问不愿意找自己的问题后，忽略了顾问当时的真正需要，自己选择了直接跳到如果是她，她会怎么预防和处理这些问题，她的本意可以表达为"我也不是特意来批评你的，我是想要教会你如何做事的"。显然，顾问此时已经听不下去了，彻底陷入了自己的情绪中，比如顾问说"我没你这么厉害"后，基本就低着头，沉默不语。

等到这场独角戏不得不收场的时候，团队长又用命令的口气表达了自己对顾问的希望。

一通复盘之后，这位团队长陷入了长时间的沉默。之后她说道："没想到我的沟通能力这么差，同理心也不强。现在想想，如果我是她，我也受不了。"为了不让她陷入过分自责的情绪，也为了让她看清楚更全面的事实，笔者追问了她一个问题："客户 HR 的投诉带给你怎样的感受？"正如笔者所推测的，这位团队长也是因为外界的指责导致不自信，进而引发其对自己的不满，她下意识地将这种情绪转移到了顾问的身上，导致她作为一个资深猎头却做了一场有失水准的沟通。

一场好的谈话如 GROW 模式所示，需要有客观事实的探寻，主观想法的探究，思维盲区的发现，各种资源的挖掘，对方信心的拉升，再到问题的解决，一切聚焦在获得成果上，而这需要做到对人的关注。如果这位团队长一开始先对顾问表达自己的压力，以及自己正在对这种压力的不适进行调节，并希望获得顾问的支持，即她自己的需求是什么，那么，谈话的结果就很可能会不同。

为什么管理者可以耐住性子、控制情绪对客户好好说话，却时常不能做到对下属好好说话呢？因为很多时候，管理者以上位者的身份会不自觉地忽视人性讨厌被批评的本能，潜意识会有"我是他领导，说他两句还不行吗？我可是为他好"这样落后的管理思想的残余。

当晚分析过后，这位团队长立刻就给顾问发了私信道歉，并约其第二天重新进行沟通。当用非暴力沟通的框架重新沟通之后，两人不仅化干戈为玉帛，而且用团队长自己的话说就是："感觉自己真正被接纳了，有种说不出的高兴。"

对猎头团队而言，需要服务好每一个优质的客户和人选，尽全力做好人岗匹配，最大化地发挥人才的价值，并通过撮合交易体现自身的职业价值。在合作的过程中，顾问会面对各种不信任及因此引发的矛盾和冲突。这就需要作为领路人的团队长能够在每一次的问题分析、每一场的对话中带领顾问拨开迷雾，找出真相，让各方合作共赢，产生真正的信任感，并最终获得长期合作的机会。

· 本章小结 ·

使众人行是领导力的核心要义之一。使众人行去哪里，众人为什么要一起去那个目的地？这就需要领导者做好愿景共创，而且愿景一定不是被告知的，而是每个人自己心中所想的。因此，管理者、团队长只把愿景对员工进行阐述，是远远不够的，必须由管理者团队长将愿景和自己团队的每个人的内心向往联结起来，而共创封面故事就是一种很好的方式，值得管理者、团队长尝试。

沟通力是领导力的重要构成，非暴力沟通框架和 GROW 对话模型都是非常实用的工具，可以帮助团队长有效提升沟通力。

本章要点梳理如图 4.4 所示。

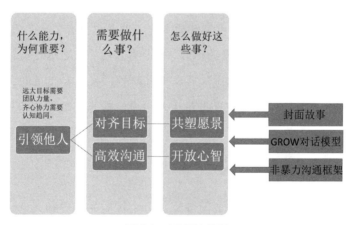

图 4.4　本章要点梳理

第三篇

思维之光
——在分析与判断中展现思维之美

前一次，凯瑟琳由于家里孩子生病而没有去参加聚会，事后听说其他二人讨论了关于新晋团队长的话题，特别感兴趣，于是又单独拉了南希聊了聊，感觉收获很大。几次聚会后，她已初步打算自己招人搭建团队。其实，几次聊天下来，凯瑟琳的最大感触是自己没那么瞻前顾后，害怕失败了。这次聚会又轮到她做东。

凯瑟琳说："姐妹们，这次我要告诉你们一个大消息，我决定自己做团队啦。"南希和格蕾丝都表示赞赏和支持。一路走来，她们都知道固然管理他人比管理自己难多了，但也通过管理他人倒逼了自我管理、自我成长。若不论世俗意义上的成败，人生多一些体验总是好的。南希说："那你今天想聊什么？"

凯瑟琳说："我想问的可太多了。一个是，如何在面试中判断出一个人是不是做猎头的料。我发现很多顾问面试的时候还行，进来后，怎么教都教不会。而有的顾问，像你们这样的，我感觉没什么人教，就无师自通了。另一个是，我们业内都喜欢用'sense'（悟性）这个词。我在想到底怎么招到sense强的？以及这个sense，你们觉得有没有可能被培养？虽然我听很多人的说法是sense没法被培养，但我想听听你们俩的看法。"

格蕾丝笑了起来，说："你问的都是好问题。如果有行业问题排行榜的话，这两个问题一定都会入选。先说第一个问题，我相信南希和我一样，对判断人适不适合做顾问，怎么在面试中判断，也是一直在摸索，并没有一个很完整的，或者说令大家都能信服的答案。我观察下来，每个人招聘时都有他所看重的核心品质、素质和能力。所以，你需要先确定你看重什么，你觉得有了哪些品质、素质、能力的人适合做猎头，这就是定性。然后，再通过提问和其他的考察手段来考察一个人的具体情况，你需要有一套自己的衡量标准，这是定量。"

南希点点头，接话道："是的。比如我们都会说做猎头需要皮实点，但什么样的表现可以被称为皮实？怎么问出这个人的实际表现？这些需要我们做面试官的人事先就琢磨。然后，在实践中，不断地调整自己的判断标准，寻找可行的参考答案。简单点说，你觉得一个顾问的胜任力模型是怎样的？以及怎么考察？我说句心里话，像我们这样的小公司，也是刚起步，就算我们把标准弄清楚了，符合标准的人也未必会来面试。而通过面试对人进行判断的准确率，你们都知道的，其实并不高，有的人太会包装自己了。所以，我的建议是你需要做好筛选，但不要把标准定太高。同时做好进来之后对人再培养的准备。我们小公司要挖掘成熟人才来直接扛业绩，这年头太难了。"

凯瑟琳回答："太赞同了。我自己的感受和问过其他一些团队长、老板，都是这个意思。我也知道自己招到的人肯定得培养，但还是想问问你们，我前面问的第二个问题，sense 可以培养吗？"

格蕾丝说："一直在说 sense。那你们觉得 sense 到底是指什么？翻译成悟性，那怎么理解悟性？如果我们的理解、定义都不统一，那就没法讨论了。我觉得这个定义，行业内似乎也一直没人很清楚地去定义过。我只能说说自己的看法，我觉得有些人其实是把悟性理解为天赋。如果是天赋，那肯定就不可能后天再培养了。有些人理解的悟性是敏锐度，就是对人、对事的变化，尤其是微小的变化都比较敏感，或者说直觉力强，容易做到在出问题前就进行干预，从而把问题化解掉。这样的人，他的业务表现情况自然就会比较好，为人处世也比较妥帖细致。还有一些人眼中的悟性其实就是聪明程度，悟性强的人，就是脑子好，学得快，举一反三，能融会贯通。那我的看法是第二种。悟性强就是对外界变化的感知的敏锐度高，做人上面体现为情商高，情商是可以被提高的；做事上面体现为有较强的忧患意识，比较能够做好风险管控。我们业内的培训师珍妮姐总结过做职位就是'风险前置，动机管控'，我是比较认可的。情商和风险意识，我觉得都是可以被培养的。你看，我又说了一堆。你们怎么看？"

南希说："我猜测凯瑟琳和你的想法差不多吧？但她的问题可能是如何培养你提到的这两点。我觉得敏锐度高其实就是聪明的一种具体体现。一旦提到聪明，大家就会觉得不太能培养了。说实话，我是在培养的路上备受打击后，开始赞同天赋的说法的，你说是聪明也好、是敏锐度高也好，不太能靠人培养出来，尤其还是靠别人来培养。当然，我也不是说就不培养了。我们能做的，是把流程操作的难点、细节、话术，通过案例解析得到的经验、教训等给教下去。但是，消化吸收能力真的是无法掌控的啊。"

听了格蕾丝和南希的大段分析后，一直沉默的凯瑟琳突然发问："聪明是消化吸收能力强，敏锐度高。我们说人聪明，其实都是在说人的脑子好。那么，脑子好，具体是什么好呢？思维能力？思维能力也是一种能力,这个是不是可以被培养?我们是不是一直忽视的事是,提高顾问的思维能力?"

南希说:"哇!你才是高手。"

格蕾丝说:"我同意你的说法!"格蕾丝看了一眼南希后,接着说道:"我觉得我们可以讨论一下思维能力的培养问题。不过在这之前,我感觉自己需要先去补补课。虽然我听说过很多思维模型,我也认同,但究竟有哪些,怎么学习,我都不知道。"

南希说:"这个思维能力的培养恐怕更不容易,是不是组织可以承担一部分培养任务,我觉得也不好说。不过,如果可以努力的话,我还是愿意努力的。总之,我觉得我们今天可算是讨论出了一个重大的发现,值得庆祝啊!"

从上述对话中,我们可以发现涉及的问题具体如下。

- 顾问的胜任力模型不清晰,衡量的标准不明确。
- 把可以后天培养的能力当作先天条件而忽略,容易造成只想筛选人、不想培养人的思想意识。
- 把培养人的注意力放在具体的技术复制上,而忽略了人复制技术所需要有的思维能力。
- 不知道如何对人的思维能力进行提高,以及如何通过外力手段来进行培养。

这是三人组成行以来聊天时间最短的一次,也是聊完后讨论延续时间最长的一次。这次的话题触及了三人的知识、经验盲区,这也是很多人的盲区所在。我们追求知识和经验,渴望学习和传授它们,但不知道如何把它们变成一个人自己的东西,原因就在于思维能力不足。

如果团队长不能提高自己的思维能力,不能注意到自己顾问的思维能力不足,并努力去帮助其提升的话,那么团队就不可能实现高效学习、快速成长。

思维的主要功能是进行判断和分析。判断力旨在提高团队长的风险预知及管控、未来预测及规划的能力;分析力旨在提高团队长在遇到各种问题时系统解决问题的能力。人的判断能力及分析能力分为直觉感知和理性分析两部分,这两部分都是可以被提高的。从思维的直觉能力到概率分析法的掌握,从逻辑思维的了解与训练到系统思维的认识与提升,这些都可以靠人力去学习和提高。

【注】在篇首的故事中,三位究竟做了哪些学习和讨论?

扫码查看文章,可用微信自带听读功能。

CHAPTER 5

第 五 章
判断力——团队长如何运用判断力引领团队前行

南希在讨论中提出的对顾问的培养方法是常用的教学方法。这种方法可以让顾问从不会到会，再到熟练掌握，但很难让思维能力一般的顾问自己想明白为什么要这么做，以及还能怎么做。因为这类教学方法并没有着眼于如何提高他们的分析判断能力，这就造成在遇到同样的问题时，团队长会发现顾问应对问题的反应是不同的。

比如，一个职位出现一个细节问题，有的顾问只针对这个问题思考如何解决，有的顾问则会在解决该问题后思考如何总结出这一类问题的通用解决方法，还有的顾问会根据这个问题联想到其他可能会发生问题的地方，并会做出如何预防和处理这一系列问题的解决方案。

再者，有的顾问在问题出现时只思考涉及问题的当事人或部分相关方，以及问题本身会带来的当前影响；而有的顾问则能进一步思考还有哪些相关方，以及问题带来的延伸问题会有哪些，对未来的影响还会有哪些，等等。这就造成了一个职位出现问题时，有的顾问只分析如何应对人选和 HR 的反应；而有的顾问则会分析如何应对人选、HR、部门及其他可能涉及的人员，如何应对上级、平级及内部的合作方，还会分析这个问题是孤立于这个职位中的，还是可能会出现在其他职位中，进一步分析，这个职位本身及客户是否存在重大的风险，等等。

这些分析和判断所需要的思考能力，本质上都是思维能力的体现。所以，当团队长面对顾问提出职位问题时，不仅需要判断其提供的参考信息，还要基于对顾问能力水平的判断进行综合分析。这些都需要团队长对人、对事有很强的判断力。提高判断能力需要从概率思维与直觉思维两方面入手，这也是本章的介绍重点。

5.1 概率思维——团队长优化决策的关键策略

5.1.1 打破思维桎梏：如何走出绝对化思维？

概率思维是提高决策准确性的工具之一，比如对猎头顾问来说，人选接受 offer 的概率有多大，这会取决于哪些条件，是否存在高于某个概率时就需要努力促成 offer？这些问题都是概率问题，那么如何统计出相关的概率就需要运用概率思维。

所谓绝对化思维，指的是思考问题容易陷入两个极端，常常以非黑即白的方式看待问题。人们很容易形成绝对化思维，因为人脑喜欢确定性，喜欢两元对立的关系，而不喜欢不确定的、变化的、多元的关系。

而概率思维就是告诉人们绝对化往往是错误的，事情存在多种可能性，会随着时间的推移和变量的变化而变化。因此，绝对化思维的人很难形成概率思维。如果团队长发现自己的顾问具有较强的绝对化思维，就需要引起注意，协助其改变思维方式。不然，团队长想要帮助顾问更好地进行决策，更合理地分配自己的时间和精力就会变成不可能的任务。

在此，简要介绍三种理论工具，通过对工具的认识、理解、运用，希望帮助团队长提升自己及成员的概率思维水平，进而提高风险评估、战略决策的能力。

5.1.2 贝叶斯定理

贝叶斯定理的思想核心是，鉴于我们关于世界的信息有限但有用，并且会不断遇到新信息，我们应该考虑在研究时利用已经知道的信息。这种思维使我们能够在做出决策时使用所有相关的先验信息。

根据贝叶斯定理，我们可以使用似然比或贝叶斯因子评估新信息。如果遇到与先验知识相矛盾的新信息，可能会降低先验知识为真的可能性。最终，一些先验知识可能会被完全取代。这是一个不断挑战和验证我们所相信知识的过程。

当我们面临不确定的决策时，应该问自己以下问题。

- 我拥有哪些相关的先验知识？
- 我可以利用哪些已知信息更好地了解实际情况？

通过不断地评估和更新我们的先验知识，我们可以更好地做出决策和理解现实情况。现实生活中，我们往往无法找到所有因变量，进而找到关键变量，求得最优解是概率思维中行之有效的方案。由于猎头工作中的变量都是和人相关联的,即便有数学公式,也不可能完全反映现实的情况。但是,对概率思维的认识可以帮助我们做到两点,一是抓取分析所需要的关键变量,二是通过数学公式进行计算,得出相应的概率作为参考。这比仅凭感觉指出一个 offer 成功率的大小要更客观。

根据猎头业务的特性,我们可以使用贝叶斯定理做一个 offer 成功率的概率推算,简要介绍及推算原理如图 5.1 所示。

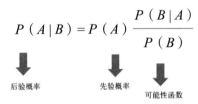

图 5.1 贝叶斯定理公式

公式:后验概率(新信息出现后事件 A 的概率)= 先验概率 × 可能性函数。

设"人选会接受 offer"为 A 事件。

已知条件:人选对薪酬不满意,设为 B 事件。

把公式分为三部分:先验概率、可能性函数、后验概率。

$P(A)$ 是先验概率,也就是在不知道 B 事件的前提下,人对事件 A 的主观判断。在不知道人选对薪酬不满意的情况下,假设 $P(A)$ 的概率是 50%。事实上,从绝对概率的角度看,接受 offer 和不接受 offer 的绝对概率就是各 50%。

$P(B|A)/P(B)$ 是可能性函数,作为一个调整因子,是新信息 B 带来的调整,目的是将先验概率调整到更接近真实概率的值。在例子中,新的信息是"人选对薪酬不满意"。当可能性函数 <1 时,先验概

率被减少,事件 A 发生的可能性变小。通过之前的沟通,顾问知道人选对薪酬很在意,是他考虑机会的核心要素之一,且极大概率为排第一位的要素。顾问认为可能性函数的值为 0.3(这里只是粗浅估算)。

$P(A|B)$ 是后验概率,即在事件 B 发生后,对事件 A 的重新评估。顾问在得到新信息"人选对薪资不满意"之后,对人选接受 offer 的概率重新做预测。

回到公式,将之前估算出的数值代入,得到 $P(A|B) = 50\% \times 0.3 = 15\%$。人选对薪资不满意的影响力很强,将 50% 的先验概率降低到了 15% 的后验概率,即顾问估算人选能接受 offer 的概率为 15%。

当然,人选是否接受 offer,其考虑的因素有很多,笔者曾在出版的第一本书《百万猎头从入门到精通》中介绍过,可以分为 12 个因素。如果以 12 个因素(再细分是 16 个因素)进行组合推算会得出惊人的数据量,想要一一罗列是不现实的。所以,对猎头顾问来说,关键还是需要其在多轮沟通到 offer 阶段时,锁定核心的 1~3 个因素,并以此来做概率推算。

团队长在参与 offer 分析时,最主要的职责或第一步要解决的问题就是确认核心要素。如有条件的组织、团队更可以用计算机技术对历年的数据做分析,以行业、职能、职位、年薪、性别、年龄、家庭情况等人选背景因素的数据作为可能性函数值的估算参考。比如,在前面的例子中可能性函数值是 0.3,是顾问考虑到了人选有家庭负担,参照了数据表后确认的数值,但如果没有参照的话,这个数值可能会是 0.5。

以上只是贝叶斯定理在猎头业务中的一个非常粗浅简易的应用说明。事实上,贝叶斯定理的逻辑与我们自然思考的方式相似,生活中绝大多数决策面临的信息是不全的，我们只能在有限的信息下尽可能做出一个好的预测。也就是说，在主观判断的基础上先估算一个值（先验概率），然后根据新的信息不断修正（可能性函数）。

5.1.3 肥尾曲线和不对称性

如果说使用贝叶斯定理进行概率分析是着眼于一般情况下的分析，那么，肥尾曲线和不对称性理论则是为了让人们注意到特殊情况。如果不能事先意识到特殊情况的存在，那么仅凭常规推理或经验主义就可能会做出错误的判断和决策。也就是说，顾问会错过挽救一个案子的最佳时机，团队长会错过一个可培养的高效能顾问。

肥尾曲线

肥尾曲线是概率分布的一种特殊形式，其尾部（分布的极端值）比正态分布或指数分布更宽。肥尾曲线的存在意味着极端事件的发生概率比正态分布所预测的要高，而且统计数据和先例可能会误导我们对风险的判断。我们无法准确预测尾部的每一种可能情况，因此需要以正确的方式处理这种不确定性。

肥尾曲线与钟形分布曲线的大体趋势相同，但是两者存在两个显著的区别。

区别一，肥尾曲线的两个极端值出现的概率要高于钟形分布曲线。反映在现实中就是那些低概率事件的发生率比预想得要高。对猎头业务而言，在 offer 签署后进入离职阶段，人选提出离职遭遇现公司挽留，很多顾问的感觉都是人选会成功离职，对这一风险并不是很重视。但实际上，被挽留住的情况发生比例是很高的。如果团队长对团队内部的案子进行分析统计的话，是可以将这类发现提前告知顾问的，并且以数据说话更让人信服。

区别二，这两者所造成的影响也是不同的，钟形分布曲线的极限值通常是有限的，是可计算的，但是肥尾曲线的影响暂时来说是无法计算的。对猎头业务而言，人选端出了问题造成的差异是不大的，但如果是客户端的业务出了问题，那么差异则是巨大的，例如团队长选错了客户，那么损失就可能会远超预估。试想一下，一个团队选择陪伴一家初创公司一步步走到上市，再到成为行业头部的领军企业，猎头将得到怎样的回报？而如果陪伴一家初创公司却发现该公司中途夭折，那么猎头可能连佣金都收不回来。

不对称性

不对称性是指人们在进行概率估计时，常常存在一种不对称的倾向。对于投资者来说，他们通常会在想要买入某只股票时预计该股票将实现较高的回报率，然而很少有投资者能够实现这样的高回报率。对猎头业务而言，猎头顾问预判职位能成功时的预测准确率往往低于预判职位失败时的预测准确率。当我们有不乐观的预测时，预测往往是比较精准的；当我们有乐观的预测时，预测往往是不太精准的。因此，如果顾问在做预测时就了解到这个道理的话，那么其在乐观预测时就会谨慎，在不乐观预测时就不会抱有侥幸心理。无论哪种情况，都可能会让人更积极地投入下一步的应对操作。

总之，团队长在和顾问进行业务分析时，需要多利用概率思维，也要有意识地培养团队成员的概率思维，这有助于做出更精准的决策，同时避免落入绝对化思维的陷阱。

5.2 直觉思维——优秀团队长的风险预判能力

5.2.1 直觉思维的感知过程

猎头工作和很多工作一样都离不开逻辑推理和分析能力，然而，个人能掌握的信息终究是有限的，而且信息会随着时间的变化而发生各种变化，因此在判断职位的进展情况、客户的可靠程度、人选的意向变化等方面时，都需要依靠直觉思维，而直觉思维能力强的顾问更善于预判风险。

直觉思维的感知过程，如图 5.2 所示。

图 5.2 直觉感知过程

以一个人对一颗水果硬糖的直觉过程举例。

感官探索：用看、触、听、嗅、尝来感知糖的色彩、形状、质地、发声、味道、口感。

空间感知：通过靠近糖、触摸糖，去感知糖的体积感和与自己的空间位置关系。

概念探索：把有水果味道的、摸上去硬的糖，给一个概念定义——水果硬糖。

时间感知：如果每天午休后会吃一颗糖，在糖和时间之间就会建立起联系,就是对时间的感知。

符号感知:看到抽象的文字或是符号,会想起糖果,把糖果和抽象的符号联系起来,就是对符号的感知。

《直觉练习》一书针对直觉的五个步骤,给出了一系列能够训练直觉的游戏,感兴趣的顾问和团队长可以参阅学习并组织游戏。

5.2.2 提高直觉思维能力的三类方法

在此,介绍三类提高直觉思维能力的方法,团队长可以借助这些方法提高自己及团队的直觉思维能力,在关键时刻可以做出明智的决策,不在错误的人和事上浪费时间,如图5.3所示。

图5.3 提升直觉思维的方法

第一类是脑内思考类活动。主要包括回忆美好、想象未来和自由联想三个部分。

"回忆美好"是指尽量形象地回想以往美好愉快的情景,这对促进大脑中负责存储记忆的海马体的功能有积极效果。

训练时间以2~3分钟为宜。每天训练的话,只需要回想当天发生过的美好瞬间。

"想象未来"是指根据自己的心愿去想象所希望的未来前景，然后，再想象可以通过哪些途径让自己所希望的前景实现。开始训练时，可以闭眼做，习惯之后，可以睁眼做。这个活动既可以自己做，也可以组织团队一起做。

"想象未来"与前述封面故事活动是可以联系起来做的。重点是让人想象画面，在大脑中描绘具体的想象，在那样的场景里会有什么人、什么东西、什么表情、什么话语，可以用图片呈现。最后，用语言进行描绘，还可以相互看图说话、进行描绘，从而发现思维的差异、人的不同，进一步理解彼此，形成团队之间的信任感和凝聚力。

"自由联想"是指通过在日常工作和生活中看到的任何景色、物体等进行联想。比如，将空中飘浮不定的朵朵白云想象成各种形象，这能提高我们运用逻辑思维的能力，进而提高注意力的集中能力。集中注意力的水平，也叫专注力的，是直觉思维能力的一个重要参照。所以，任何可以帮助我们提高专注力的训练都可以帮助我们提高直觉思维能力。

第二类是身体行动类活动。运动看似是在训练身体机能，但其实也在训练大脑，大脑和身体其实是相互成就的关系。优秀运动员身上所体现的专注力、抗挫力、忍耐力、判断力等都是其大脑思维能力的体现。所以，想要提高直觉思维能力也可以从身体训练入手。

这里介绍四个实用的方法。

第一，进行指尖练习。例如射击、射箭类运动，这些是需要速断力的运动，都可以培养"秒的直觉"（在以秒为计量单位的时间限制内，能快速做出反应的能力）。

第二，用左手拿筷子。不妨先试两天，然后中间休息一天，再继续两天,为此坚持一个月左右或直到熟练掌握,并且在日后也可以时常左右手轮替操作。还可以训练左手拿笔等,这样对左右脑都可以起到训练作用。

第三,逛书店。在周末抽空逛逛书店,根据书名推想书中写的内容。

第四,站着打字。平时习惯坐着打字的,可以选择可升降的写字台,偶尔站着打字。

第三类是放松身心类活动。提升直觉思维能力,需要全面、系统性的放松活动,即身体、大脑和心情都能放松下来。这样的活动既要适合自己,又要能保证一定频率。

接触大自然就是一种不错的放松身心类活动。在自然中走一走,坐一坐,发发呆,呼吸一下新鲜空气。只要经常走走,前面提到的回忆、想象和联想就会逐渐产生,日渐增多。遇到重大问题或紧要关头时,直觉思维就会出现。

事实上,运用直觉的场景主要有三个。第一是不确定的时候;第二是信息饱和,干扰项太多,无从判断时;第三是完全没有信息的未知领域,如图 5.4 所示。

图 5.4 运用直觉思维的三个场景

在猎头顾问的日常工作中，第一种和第二种场景时常出现，只是多数人没有充分使用直觉思维或者没有意识到。

"我怎么没想到？""这个信息我都没说，你们是怎么知道的？""果然如你们所料，问下来是这样的……"很多顾问会发出这样的惊叹，他们认为这些都是解答者依据过往经验所作的判断。但实际上，直觉思维强的人往往可以做出更准确的判断。

笔者记得有一个案例曾经在社群里引发了广泛的讨论，其中有一条评论引起了笔者的注意，大意是通过案子背景描述和补充回答来看，留言者建议顾问和客户、人选都面谈一下，现在进行分析还为时尚早。

笔者私下追问留言者是怎么做出这样的判断的，这位社友回复说："就是这么觉得的，没有什么推理过程。"从他给出的回答来看，可以发现他的确是通过直觉感知，而非逻辑分析做出的判断。因为他的反馈是，通过提问者的文字描述，他的脑海中形成一幅画面，人选和客户都闭着嘴，捂着耳朵，只有顾问张着嘴，所有的信息如同线条一般杂乱地呈现在画面中。当上述画面呈现出来时，这位社友的第一反应就是先去见面，这就是他的直觉。

团队长在组织案例分析和讨论的过程中，可以对直觉反应加以关注，比如可以通过问题"你是如何分析的？"来查看团队成员各自的思维方式是什么。当然，很多时候直觉思维和联想思维、想象思维等会混合在一起出现，以比逻辑分析快得多的速度给我们答案。

总之，修炼直觉思维，核心就是让大脑放松下来，遗忘分析、抛开推理。通过直接观察、体验，在电光石火之间与回忆、想象、联想、过往经验形成某种联结而产生当下的判断。直觉思维是帮助我们跳出必须基于已有信息或已知知识领域，并经过分析才能做决策的另一种大脑运行机制。如上述案例所示，直觉思维能力是猎头顾问非常需要的，值得管理者、团队长更多地加以关注并去持续地赋能提高。

· 本章小结 ·

概率思维是需要通过逻辑分析、数学计算得出概率大小，从而做出判断的一种理性的思维方式，而直觉思维则是一种感性的思维方式，两者并不矛盾。在面对巨大的不确定性和信息不充分的前提下，建议管理者、团队长能带领团队以多元的思维方式处理问题。

本章要点梳理如图 5.5 所示。

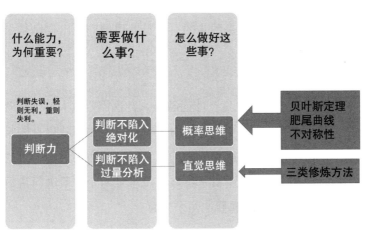

图 5.5　本章要点梳理

CHAPTER 6

第六章
分析力——卓越分析思维养成实战

人们对于自己擅长的能力往往不够重视,因此也很难得到改进。像凯瑟琳、格蕾丝和南希这样的老猎头,通过她们的谈话可以看出,她们各自的分析能力都是不错的,但是若要她们说出自己是如何分析的,背后的原理是什么,依托的方法是什么,她们也未必能回答得周全。

"知其然,知其所以然"才能教好人,这需要教人的师傅既要有实践经验,又要有理论知识。作为团队长,要能够从自身的长短板中找出在不同阶段需要重点提升的能力,这就需要足够强大的分析能力作为基础。本章从逻辑思维与系统思维两个方面进行讲解,它们也是提高分析能力最重要的两个方面。

6.1 逻辑思维——团队长不可或缺的决策利器

为了更好地认知客观事物,我们可以根据需要将认知对象分解成若干部分进行研究，包括客观对象的局部性质、局部之间的关系、局部和整体的联系等。那么，以什么样的思路进行分解，分解为哪些部分，分解的依据是什么？这就需要用到逻辑思维能力。

逻辑思维是指人们在认识事物的过程中，借助于概念、判断、推理等思维形式能动地反映客观现实的理性认知过程，又称抽象思维。只有运用逻辑思维，人们对事物的认识才能达到更高的水平，进而认识客观世界。

逻辑思维能力强的人，其从脑内思考到外在表达都是结构化的。结构化是指将逐渐积累起来的知识加以归纳和整理，使之条理化、纲领化，做到纲举目张。结构化思维是逻辑思维的一种，也可以说结构化水平的高低是逻辑思维能力强弱的重要标志。

本章将对结构化的思考和结构化的表达所需的经典理论工具分别进行阐述，旨在帮助经验型的管理者、团队长更好地提升逻辑思维能力。

6.1.1 结构化思考：好问题才有好答案

好问题才有好答案。问出一个好问题，问出一连串好问题，问出的好问题之间有明显的关联性等，都是逻辑思维能力强的表现，是人在大脑中进行结构化思考的反映。要进行结构化的思考，就需要进行结构化的提问。下面结合猎头业务，分别介绍两种提问方法：6W2H 提问法和 5Why 提问法。

6W2H 提问法
关于 6W2H 提问法的解释，如表 6.1 所示。

表6.1 6W2H 提问法

6W2H	
Who	谁
Whom	和谁一起
What	发生了什么事
When	什么时候发生的
Where	在哪发生的
Why	为什么会发生
How	如何发生的
How much	发生后有什么影响

6W2H 提问法通过八个提问的维度将事情所包含的要素切割得更为精准，有利于人们在第一时间将各要素纳入思考范畴。

举个例子，假设团队长想要讨论如何提高团队招新的速度，就可以采用 6W2H 提问法。

- 招聘顾问的事是谁的事？
- 除了自己，还有谁可以参与进来？
- 目前的具体情况是什么样的？用了哪些渠道？
- 想要改善情况的话，需要从什么时候开始？什么时候获得阶段性的成果？什么时候完成预定的招聘目标？
- 除了线上招聘，线下有没有可以做的事？
- 为什么招聘顾问的速度慢？
- 还有什么可以改进的？从流程，从人员，从意识，从能力……
- 如果招聘速度继续不达预期会怎么样？

通过以上一系列问题，以及每个问题下面可以展开的具体问题，团队长可以思考找出招新问题的症结与对策。同样的问题，团队长还可以用5Why提问法来进行提问。

5Why提问法

5Why提问法的本义是通过连续的5个"为什么"的提问，找到问题的解决方案。必须说明的是，具体使用此法时并不限定只能做5次"为什么"的探讨。比起次数，更重要的是提问能够涵盖如下三个层面。

- 为什么会发生？从"制造"的角度思考。
- 为什么没有发现？从"检验"的角度思考。
- 为什么没有从系统上预防事故？从"体系"或"流程"的角度思考。

每个层面连续5次或N次地询问，得出最终结论。只有以上三个层面的问题都探寻出来，才能发现根本问题，并寻求解决。

下面举例说明。

- 为什么招聘顾问的速度慢？
  因为HR给我看的人少，我能看中的人少。
- 为什么HR给你看的人少？
  因为其他团队长也需要人，也在催促HR给人，可能是谁催得多、催得急，HR就优先给谁的团队推送人。
- 为什么你催得不多、催得不急？
  因为我最近能抽出来面试的时间不多。

- 为什么你不能抽出更多时间来面试呢？

  因为我内心觉得 HR 给的人里面也选不到好的顾问。

- 为什么你这么觉得呢？

  因为 HR 没做过顾问，也没和我深入聊过我这里需要什么样的人。

- 为什么你没有和 HR 深入聊过你的需求呢？

  因为我和这个 HR……

只要愿意将"为什么"问下去，就会发现这个问题的表面原因似乎是 HR 不够专业，能力不够强，但真正原因其实是团队长对 HR 的专业度没有进行客观理性的评估，团队长和 HR 没有进行过充分的沟通交流，没有给予及时具体的反馈，等等。所以，只有找到问题症结所在，才能对症下药找到具体的解决方法。

5Why 提问法旨在鼓励想要解决问题的人，努力避开主观臆断，从结果着手，沿着因果关系链条顺藤摸瓜，直至找出问题的根本原因。

上述两种工具可以结合起来使用，帮助个人及团队有逻辑、有条理地进行问题的解析并找到解决方案。

6.1.2 结构化表达：如何简洁、清晰地传递信息

结构化表达是逻辑思维能力的具体体现，也是日常工作中必备的能力。很多管理者、团队长发现自己虽然有不错的沟通能力，也有良好的同理心、共情力，但是在陈述观点时表述不够精练，条理不够清晰。在此，介绍一下金字塔原则，以及 MECE 分析法。

金字塔原则

金字塔原则（Pyramid Principles）源于巴巴拉·明托（Barbara Minto）在麦肯锡早期的研究工作成果，是一项层次性、结构化的思考、沟通技术，可以用于结构化的写作过程。金字塔写作法有四个基本原则来保证结构化的输出。

1. 总 – 分 – 总结构：先给出一个总的结论或主题，再给出分点或具体事实，最后回到总结论。

2. 按逻辑顺序：按因果关系、时间顺序、重要性等皆可。

3. 并列结构：中间的分述部分以并列的形式呈现。

4. 简洁明了：尽量使用简单的句子，避免复杂的句式。

如图 6.1 所示，以归纳推理及演绎推理对内容进行结构化的梳理。主体内容落在金字塔的第二行，每一个并列项都针对一个具体的问题。

图6.1 经典的用于问题分析的金字塔结构示意图

归纳推理：它是一种由个别事物或现象推导出该类事物或现象的普遍规律的推理方法。比如，人选收到 offer 后没有立即签回 offer，则 offer 被拒签的概率会随着时间的推移而增大。

归纳推理是一种不确定性推理，推论前提与结论之间的联系有或然性，即推理结论可能为真，可能为假。

演绎推理：它是一种由一般到特殊的推理方法，与归纳推理相对。其推论前提与结论之间的联系是必然的，是一种确实性推理。比如，在没有特殊情况时，人选没有通过面试，则人选没有得到 offer。

金字塔原则中的 SCQA 模型

人们在阐述观点时，可以运用 SCQA 架构进行次序的安排，即情境（Situation）、冲突（Conflict）、问题（Question）、答案（Answer）。具体的次序可以根据想要突出的重点进行调整，ASC、CSA、QSCA 都是可以的。SCQA 的基本内容如图 6.2 所示。

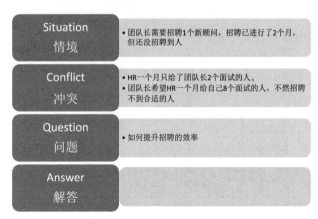

图 6.2 SCQA 模型

MECE 原则

在金字塔原则中提到的并列原则，实施时就需要用到 MECE 原则。它是麦肯锡的第一个女咨询顾问巴巴拉·明托在金字塔原理中提出的一个很重要的原则，也是麦肯锡这家全球知名的咨询公司的工作法中的一个重要原则，被全球广泛使用。

MECE 全称是 Mutually Exclusive Collectively Exhaustive，中文意思是"相互独立，完全穷尽"，也就是对于一个重大的议题，能够做到不重叠、不遗漏的分类，同时整合在一起看是周全的、严密的。

MECE 原则旨在帮助人们找到关于一个问题的所有影响预期效益或目标的关键因素，并找到所有可能的解决办法，它有助于管理者进行问题或解决方案的排序、分析，并从中找到令人满意的解决方案。这需要先找出主要问题，找出主要问题的通用做法有两种。

一种方法是在确立问题的时候，通过鱼刺图、树状图、项目管理中的 WBS 分解法等思维导图的方法，在确立主要问题的基础上，再逐个往下层层分解，直至所有的疑问都找到。通过问题的层层分解，可以分析出关键问题和初步解决问题的思路。

另一种方法是结合头脑风暴法找到主要问题，然后在不考虑现有资源限制的基础上，考虑解决该问题的所有可能的方法。在这个过程中，要特别注意将多种方法进行结合，因为这有可能会形成一个新的解决方法。然后再分析每种解决方法所需要的各种资源，并通过分析比较，从多种方案中找到在最可能实现的前提下，最令人满意的方案，如表 6.2 所示。

表 6.2 头脑风暴方案

方案	人力维度（1~5分，1分为所需资源最大，5分为所需资源最小）	财力维度	达成目标的时间（周期）维度（1~5分，1分最长，5分最短）	预期短期结果（1~5分，1分最差，5分最好）	投票数（每人一票，只能投1个方案）
方案 A	3	2	4	4	
方案 B	5	1	5	5	
方案 C	2	3	3	4	

注：具体问题具体分析，此表仅供参考。

在使用 MECE 原则时，挑战性在于如何做到相互独立的问题拆分。造成问题不相互独立的原因，一是在每一次分解的时候，没有考虑到相互独立；二是在问题没有逐层分解时，就进入对解决方案的分解和探索之中。

事实上，如果先对造成问题的根源进行逐层分解，分解到最后往往解决方案也就水落石出了，要做好这一点，可以使用前面章节中提到的 5Why 提问法。想要使用好 MECE 原则，就需要严格按照先分解问题、再思考方案的顺序来进行分析，分解必须相互独立。

总之，团队长可以使用金字塔原则，以 SCQA 的框架结构来搭建一个观点所需要的内容，以 MECE 原则来检验和保证内容的质量，从而输出条理清晰、层次分明、逻辑严谨的结构化表达。相信持续和刻意的练习可以大大提高团队长口头及书面的表达能力。这对于团队长开展好内部宣讲、讨论以及客户拜访、谈判等都会有重大的积极作用。

6.2 系统思维——高效引领团队，实现整体最优思维方式

系统思维是一种逻辑抽象能力，也可以称为整体观、全局观。进一步解释，系统思维就是对事情全面思考，不只就事论事。它是把想要达到的结果、实现该结果的过程，以及对未来的影响等一系列问题作为一个整体系统进行研究。

猎头工作是基于人的工作，作为中间人，两边对接的都是客户，与每一个客户、每一个人选在具体的合作过程中都是多边沟通。随着时间的推移，情况会发生各种变化，看似简单的撮合业务，实则蕴含大量基于动态变化的复杂系统。

作为团队长,需要提升系统思维能力以应对工作中的复杂情况。下面将对此进行介绍。

6.2.1 系统及系统思维

系统思考,需要熟悉三个基本要素,它们也是构建系统的三个积木块,分别是正反馈、负反馈和延迟。

反馈
反馈指的是一些行动可以引起相互增强的效果,或相互抵消(平衡)的效果。人需要通过观察因果循环来找出反馈环路,任何系统都会有其反复出现的反馈环路。我们容易看到一个事件(系统)的反馈环路中的一部分、一个环节,所以,我们常常产生无能为力的感觉。只盯着一个点,就无法看到全局,只能抓住局部矛盾,解决局部问题,但因为局部矛盾、局部问题并不是反馈环路中的全部,这就会导致我们无法从根源上去全面地、彻底地解决问题。

更重要的是,系统是动态的,我们自己也是系统中的一环,我们想要改变系统,同时也会被系统所影响。如果我们不能意识到这一点的话,那么就谈不上已具备对系统的初步认识,也就难以找到反馈环路,从而难以形成和运用系统思维。在一个事件(系统)中的反馈环路有正反馈和负反馈之分。

正反馈
正反馈,用来发现微小变化是如何增长的。正反馈的结果是带来加速的增长,或者是加速的衰减。

负反馈

负反馈，用来发现让系统稳定的因素和抵制变化的来源。负反馈常常难以被识别，因为看起来像什么也没有发生一样，很容易让人觉得"自己忙了半天，却什么改变也没有"，但事实上并非如此。找出负反馈的方法是从差距入手，从期待状态和现实情况的差距入手，找到并分析负反馈。

优秀的领导者会分辨阻力的源头，直接聚焦在隐形的习惯标准及其所依赖的权力结构关系上，从而打破负反馈或增强正反馈，使得整个系统往健康的方向发展。正因为系统包含正反馈和负反馈，我们必须从正反两个角度用系统思维构建反馈环路、反馈模型，这样我们的思维才能变得系统而全面。

延迟

延迟指的是事情会发生，等时候到了，就会有反馈出现。有即刻的反馈，也就有延迟的反馈。

理论不容易理解，下面以猎头业务中的具体事例进行说明，如图 6.3～图 6.5 所示。

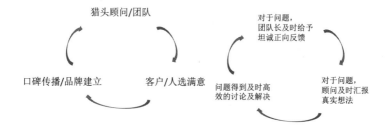

正反馈：随着前置条件/步骤的变量A的增减，后续结果/步骤的变量B也同步增减。

图 6.3　正反馈环路

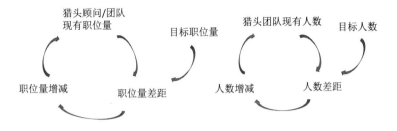

负反馈：随着前置条件/步骤的变量A的增减，后续结果/步骤的变量B反向同步增减。

图6.4　负反馈环路

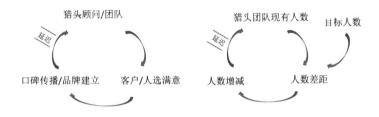

延迟：延迟不容易被发现，但延迟无处不在。负反馈环路中的延迟尤其需要人们注意发现并引起重视。

图6.5　反馈环路中的延迟

有时候，过猛的修正系统行动会导致适得其反的结果，但由于反馈环路的延迟效应往往不易被察觉，等到效果显现时再进行修正行动，实际上又延迟了。

举例说明，当团队长发现团队的职位量不足时，将更多精力转移到了新客户拓展上，一时间大量的客户拓展带来了大量的职位，使得职位量不足的问题看似被解决了，但其实不然。由于职位量增多，又是新客户的职位，对顾问的交付能力会提出更高的要求。那么，在这个过程中，如果顾问的交付能力不足就会使职位交付的实

119

际效果不好。

此时，顾问没有给团队长进行及时的反馈，比如担心被团队长责骂等，团队长就会以为目前的职位量是充足的，等到团队长发现新增职位产生的效果远低于预期时，这中间可能就会有数月的时间差。

如果团队长继续采取客户拓展的应对策略的话，往往就会陷入反馈环路之中。职位量充足与否只是产出业绩的一个必要条件，只盯着这个条件进行条件（变量）优化，是不足以解决业绩问题的。

因此，建议团队长、管理者时常思考、分析、组织讨论自己所处系统的运行情况，深入研究各种反馈环路并借此抓住蜕变发展的机会。

6.2.2 系统思维的应用

作为团队长，如何从宏观（战略角度）与微观（战术角度）两方面思考，自己及团队到底能为企业的发展提供什么，怎么提供，实现怎样的目标？在此，介绍一个好用的工具——商业模式画布。事实上，无论是企业、团队还是个人，都可以通过商业模式画布进行富有逻辑的、结构化的、系统化的思考，让自己的目标清晰化、行为有的放矢，而不至于盲目地投入无效的忙碌中。

商业模式画布

商业模式画布又叫 BMC（Business Model Canvas），是《商业模式新生代》这本书中提出来的，它是一种用于系统梳理商业模式的思维方式和工具，可以描述和评估企业的商业模式，展示企业制造、传递和获取价值的过程。通过该工具，我们可以把一家企业的战略规划和商业模式仅用一页纸就描绘出来,这对于像猎头团队这样的普遍规模不大、业务单一的组织而言,是非常适合的。

商业模式画布将一个企业的商业模式拆分成九大模块,如图 6.6 所示。

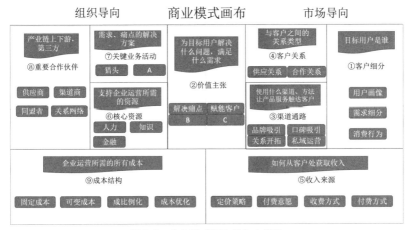

图 6.6　商业模式画布的九大模块

商业模式画布的具体画法如下。

按图 6.6 中数字标号的顺序依次讨论九大模块,并在确认后将具体内容画入图内。以猎头团队的普遍情况举例说明。

1. 客户细分。用来梳理企业的目标用户群,每个目标群体有什么共同特征。猎头团队的客户主要是对自身的中高级岗位招聘愿意付费的群体。客户细分则需要从客户所在的行业、行业内细分领域、公司的资本属性、公司所处的发展阶段、公司业务的地理布局、公司在自己领域内所处的位置,以及愿意采取的付费方式等方面进行具体的调研和分析,找出自己细分客户的共同画像和有别于其他客户群体的差异化需求。

2. 价值主张。用来梳理企业为目标用户群体提供哪些产品和服务，解决客户的哪些问题，满足客户的哪些需求。从广义上来说，猎头团队的价值主张都可以概括为"为客户寻找到适合他的人才"，助力其组织的发展。

但事实上，不同猎头团队的价值主张是有区别的，有的猎头团队的价值主张偏向于助力顶尖人才和客户群体，而有的猎头团队的价值主张则偏向于助力更多国内中小型企业和国内中高级人才。

3. 渠道通路。用来梳理企业通过什么方式或渠道与用户群体进行沟通，向目标用户群体传达产品或服务的价值，实现产品或服务的售卖。猎头服务中的招聘类产品、服务大多是通过网络渠道、电话和线下拜访进行营销的。

4. 客户关系。用来梳理企业如何维持与用户群体之间建立的关系，以及维持什么样的关系。现阶段，猎头团队主要通过人工维护。在不久的将来，可以预见会有更多的猎头团队运用 AI（人工智能技术）进行客户关系的自动化维护。

5. 收入来源。用于梳理企业从每个细分用户群体中如何获取收入，通过什么方式获取收入。猎头团队收入的主要来源是猎头业务的服务佣金，当然，有的猎头团队实际上还开展其他的招聘业务服务，如咨询和培训服务等。但总的来说，收入来源较为单一。这也是大多数纯猎头业务的团队很难做成规模化集团的重要原因之一。

6. 核心资源。用来梳理企业需要哪些资源才能让目前的商业模式有效运转起来。企业的核心资源可以是店面、资金、技术、专利、人才、品牌、供应链、渠道等，而猎头团队的核心资源主要是它的成熟顾问。当然，对于有历史和市场口碑的猎头团队来说，还有品牌。品牌可以让团队为了壮大自己的组织规模，提升自己的营收而进行组织模式的转型，以各种加盟、合伙的方式来让其品牌有价值变现的可能。

7. 关键业务活动。用来梳理企业拥有了核心资源后，应该开展和从事什么样的业务活动，才能确保业务有效运转起来。猎头团队的关键活动就是获取成熟顾问，无论是通过招聘还是培养的方式，使得后续的客户获取及客户维护的一系列活动得以展开，让猎头业务得以顺利开展。根据自身定位，有的猎头团队会再进一步将服务延伸到其他招聘服务及相关咨询服务中。

8. 重要合作伙伴。用来梳理企业在产业链上下游的合作伙伴有哪些，其与企业的关系如何，以及合作关系如何影响企业。猎头团队的重要合作伙伴是提供简历搜索及下载的各大渠道供应商、猎头操作系统的 IT 供应商，以及提供猎头职位的做单平台，或者可以合作职位拓展和职位交付的其他猎头团队。

9. 成本结构。用来梳理企业为维持业务有效运转所付出的成本。对于猎头团队而言，除了营业场地的成本和其他办公所需的固定成本外，主要的成本是人工成本。

需要注意的是，在画商业模式画布时，不同用户群体需要用不同颜色填充，每个颜色传递的是一类用户群体的完整价值链，讲述一个完整的故事。每类用户群体的客户细分、价值主张、渠道通路、客户关系、收入来源、核心资源、关键业务活动、重要合作伙伴和成本结构是可以完整串联起来的，组成一条故事链路。

通过几个模块的填充，每一个猎头团队都可以得到自己的商业模式画布。在查看的时候，人们容易看到的是企业客户作为人人皆知的用户群体的故事链路，但容易忽视人选及内部团队（内部用户）的故事链路。其实，对于团队长、管理者来说，对团队内部的管理实际上意味着在上级管理、下级管理、平级管理中都有用户思维，需要将自己的内部合作方也当作自己的客户，像对待外部客户那样对待他们。能做到这样的团队长、管理者很难不走向卓越。

当我们在第一个模块客户细分加入了客户（外部公司）、人选、团队三类客户罗列时，我们就会在做商业模式画布时，对于后续的第 2~9 模块进行三条故事链路的分别思考，同样以三种颜色加以区分记录，最终得到三条故事链路，如图 6.7 所示。

图 6.7　猎头团队的商业模式画布

以人选的故事链路来看，一个猎头团队对人选的价值主张可以是助力其职场发展，通过为其匹配合适的岗位，帮助其更好地把握机会。猎头团队的核心资源之一是拥有市场上稀缺的优质职位和优质人才的信息，并且有能力促使人岗匹配的交易达成。因此，有些猎头团队在猎头服务的传统模式（只针对企业客户收费）外，还提供了针对人选端的付费服务，包括简历修改业务、面试辅导业务等。这既能增加收入来源，还能优化成本结构，让那些没有在企业客户的职位交付过程中为团队创造价值的人选,有可能通过这类服务,从沟通的沉没成本转变为服务的价值产出。

感兴趣的读者还可以就内外部的客户来思考及讨论他们各自所拥有的故事链路。此外,商业模式画布不仅可以用于一个组织、团队来分析其商业行为,也可以用于个人来指导自己的工作开展、职业发展、人生规划。作为猎头团队长,大家可以认真思考一下自己的商业模式画布该如何填充。图 6.8 所示的个人商业模式画布可供大家参考。

图 6.8　个人的商业模式画布

商业模式画布由于其强大的实用性而广为流传,在其基础上还衍生出了很多经典的其他画布,比如硅谷学者 Ash Maurya 提出的精益创业画布。

6.2.3　三维立体化思考

如何以系统化思维填充商业模式画布,这就需要让平面的单一时间工具变成立体的具有时间线的工具，如图6.9所示。

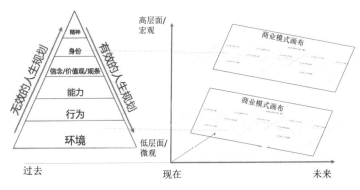

图6.9 三维立体化思考

将NLP思维逻辑层次和时间线结合起来看，在NLP思维逻辑的不同层次进行画布的构思，在不同的时间节点进行画布的构思，显然画布的填充会有所不同。在当前进行画布的构思时，如果能够不单从环境层面出发，而是从精神或角色层面出发，不仅考虑当下的需要，不忘反思过去得到的教训，还能畅想未来的需求，那么，商业模式画布的填充，从全局、时间、境界、层次等的角度去看，其系统性将大大提高，其构思的正确性将更可能接近理想的预期值。

在多年猎头生涯之后，笔者因多种因素误打误撞进入了咨询培训的赛道，转型成为以自媒体为宣传口，以写书为自证渠道的自雇咨询培训师。

自由职业者看起来很美好，实际上很容易陷入自我焦虑和怀疑之中。因为无人监督，对于要做什么、怎么做以及多久才能把事做成等问题的回答，都对人提出了更高的要求。

接触到NLP思维逻辑层次后，笔者开始重新思考"我是谁""我要做什么"等问题。当然，这一系列的问题至今都还在完善中，但起码笔者从"需要工作,所以工作"这样的被动应对中走了出来,开始自上而下地思考"我想做什么,我能做什么"。

每一件要做的事,无论是写书还是写公众号,是采访还是直播,是参加线下讨论会还是组建猎头社群,是做个人咨询还是做团队教练,是讲公开课还是做内训,都是围绕着一个问题进行探索,即:"助力猎头人的成长,我可以做什么?"在探索的过程中,笔者逐渐拓展了产品和服务,又在这个过程中获得了新知,提升了能力,拓展了眼界,结识了新友。

像2023年成立的百猎帮猎头社群(详细介绍可查看微信公众号"珍妮姐说"),其初衷就是填补课程和培训以外的空隙,解决内部带教顾问,团队长时间不够、经验不足等问题,让更多猎头人能够超越组织,获得更多业内人的帮助。让社友在信息互动的过程中,实现自我成长、成人达己,正如社群的口号:"让老猎不再默默无闻,让新人不再无处可问""助力你的猎生前三年,让你的猎生多三年"。

从时间线上看,笔者个人的商业模式画布除了价值主张基本没变外,其他每一项都有或大或小的变化。这些变化既有做规划时的主动设计,也有过程中的意外惊喜。正所谓时过境迁,什么时间做什么事,怎么做才是适合的,往往会不同,这不仅仅是因为人的想法会变,目标会变,还因为人所积累的资源、能力会变,视野格局会变。比如,做猎头社群,如果是一开始做的话,那就会是自己一个人做,一个人宣传自己的IP。但如今,笔者的选择是和一群伙伴一起做,并且欢迎老猎头们来做嘉宾,旨在打造一个去中心化的平台型社群,人人都可以来做自己的IP。又如,笔者一开始只想过做个人的付费咨询、一对一的教练,没想过自己也可以做企业培训、团队教练。面对需求,不要选择说"我不行",而要说"我试试看",只要愿意去努力交付，那么总有认可你的客户和相信你的伙伴支持你走下去。

当然，道路总是艰辛曲折的。笔者的转型之路可谓筚路蓝缕，但正因为较早知道从哪个层面想问题，知道要思考什么样的问题，外加功利心不太重，才能耐住寂寞，在没有正反馈到来的时候，一直坚持到了今天。笔者之所以在出版《百万猎头从入门到精通》一书时隔四年之久后，才创作了本书，一方面是笔者在做自我沉淀，另一方面也是笔者在纠结迷茫后，再次坚守住了自己"能为猎头人做的，我就去做"的初心。行业内有才华的人多如过江之鲫，笔者并不算出众，但愿意倾囊相授者，笔者自认为可以算一个。

总之，让理论工具具有时空性，让人的思维在各个层面、层次、层级上遵循 MECE 原则，实现结构化的分类，兼顾对过去经验的回顾和总结，对当下局面的观察和分析，以及对未来可能性的直觉判断和理性思考的综合。以这种立体化的思维方式，将所需分析的问题进行系统的剖析，找出并修正反馈环路，笔者认为这就是系统思维，或者说具备了一定的系统思维能力。

· 本章小结 ·

逻辑思维以其结构化为特点，通过 6W2H、5Why 提问法等工具结构化自己的思考，并运用金字塔原则等工具进行表达，可以让团队长的言传身教更具有说服力，语言更具有传播性，让谈判讨论更高效省时。

系统思维可以让人不再孤立地抓取系统中的某个问题、盯着细节不放而延误真正解决问题的时机；不再仅仅思考局部问题，避免在解决局部问题的过程中由于没有意识到整个系统的存在而导致修正行为造成更多问题，最终事与愿违，和想要实现的目标越行越远。

如果要系统性地解决问题，需要了解问题所处的系统的反馈环路及环路中的问题所在，在具体分析问题和制定解决问题的方案时，能够综合地运用多种理论工具及方法。管理者、团队长尽量以立体化的时空视角去思考问题，利用工具、组合工具，使自己所拥有的知识、经验以及所学习和掌握的理论工具发挥出更大的作用，并且在这个过程中，使自己的逻辑思维、系统思维得到进一步的锻炼，最终让强大的分析能力成为团队战略决策的保障，让战术执行不至于因方向的错误而徒劳无功、适得其反。

本章要点梳理如图 6.10 所示。

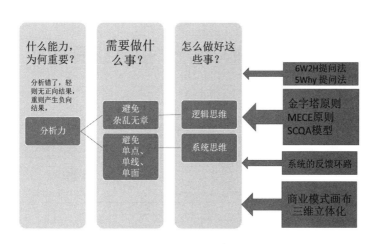

图 6.10　本章要点梳理

第四篇

行动
——驱动团队前行,提高业绩增速

自从上回会面后，凯瑟琳、南希和格蕾丝都忙得焦头烂额。虽说三人都投入了少有的热情去研究思维能力，学习思维模式方面的资料，还学了几个新的理论工具，甚至南希和格蕾丝都给凯瑟琳的商业模式画布提出了修改意见，但忙的更重要原因是经济大势变了。她们和其他从业者一样，觉得业务变得越来越难做了，客户的要求越来越高了，费用却没有提高；客户的数量越来越多了，职位却没有增加。由于大家都很忙，这次三人直接约在了凯瑟琳新租的办公室，利用周六时间见个面，也算是帮凯瑟琳热热场子。聊完了各自的情况，吃着南希的小蛋糕，品着格蕾丝的红茶，话题进入了八卦时间。

凯瑟琳说："我最近面试顾问也面到了一些团队长，说实话，目前我只要顾问，不要团队长。但很奇怪的是，好几个人都表示愿意从顾问做起，我看他们过往业绩都不错，就职的公司也不错，要是以前，我会以为自己撞大运了，现在我可不敢这么想。你们说说这是怎么回事啊？难不成现在的人都佛系了，都没野心了？搞得我有种自己在逆势而为的感觉。"

南希说："你说的这种情况我也遇到过，有招进来的，也有没招进来的。但你若要问我再遇到这种情况会如何，我明确地告诉你，不管是要来做顾问还是要来做团队长的，我基本都不会要了，我宁愿自己培养。"

一直没插话的格蕾丝打断了南希，说："为什么啊？怎么感觉我这种背景的人被你们双双嫌弃了呢？"

南希说:"我们可没嫌弃你。你要是跳出来,肯定一堆的公司要你去做合伙人,轮不到我们俩拉你入伙。但是,你有没有发现这几年一些大公司出来的团队长,如果没有选择创业,都表现得挺一般的?你看,一些之前做地产行业的,个人做多少万业绩的,团队做多少万业绩的,现在都听不到声音了。这么说吧,能成功切换赛道的顾问和团队长是比能从新手村走出来的人还要少的。"

"这些年都待在舒适区了吧,正所谓'狼来了'喊得再响,也叫不醒不想跑的人。"凯瑟琳接话道,"你这么一说,我还真觉得是这个道理。来我这里面试的几个人都说是公司要求他们换新方向,但是又不给支持的,他们觉得自己原来的方向还能做、不想换,但是眼前的日子不太好过。"

南希说:"这就对了。我曾经面试过一个团队长,×××这人估计你们都听过的,我差点以为是个宝,还好去背调了一下,也是这种转型转得不太好,想要趁还有业绩可以拿出手的时候,抓紧跳的。"

格蕾丝叹了口气,说:"你们不知道啊,去年我也差点成了你们口中的那种无能的团队长了。我本想着让下面最得力的团队长安妮去切换新赛道的,结果她怀孕了,然后没多久就说不干了,准备移民。我又想让另一个跟我挺久的团队长史蒂芬去切换新赛道,他也是拖拖拉拉。等我发现情况不对时,只能自己亲自下场,虽然后面也算成功切进去了,但为时总归是有点晚了。回过头看,我发现自己也有惰性了。人都想要逃避难的、烦的、累的事情,美其名曰要学会授权、放权,让下面的人干。我一开始做团队长就不会授权,更不会放权，没少被老板骂，吃力不讨好，差点就要放弃了。后来可能有点矫枉过正了，尤其是升为二线之后，总觉得自己多打辅助就好了。前些年，由于我们团队的基础不错，选的赛道和客户也还行，团队从我到下面的顾问，做存量的维护做得也算尽心，所以就没暴露出我想法的错误。这两年则大大不同了，新领域要从头学起，自己和团队都要重新回到厮杀状态，这个过程真的不容易。就我知道的好几个团队，转型转得人都走光了。所以，我觉得自己也是侥幸吧，侥幸选对了人，选对了切入的客户，让我的滑铁卢才没持续太久，那段日子真是不想再提了。所以，我还是建议你们如果再有这种来面试的，还是要深入沟通，不要轻易判断。或许换到你们这，人家就发光发热了呢？"

凯瑟琳和南希都沉默了。过了一会儿，凯瑟琳问格蕾丝："你能不能再展开说说你是怎么熬过来的？"

南希也点了点头，说道："转型难，除了人的意愿、心态这些，我觉得主要还是能力问题。团队长和顾问的能力放到今天，普遍都不够用了。你们想啊，这些年入行的，不少都是靠网搜起家的。入行早的，行业稳定的，靠几个大客户就能活很久；入行晚的，直接进入一些热门的行业赛道，在客户普遍有钱的时候，不管客户什么情况，有职位做，都能挣钱。现在就大不同了。比如，前一年的客户和后一年的客户重复率没过去那么高了，每年都需要开发新的客户。这要求高了一截，真实的水平差异不就看得出来了？"

这一次，三人一直从中午聊到了晚上。

从上述对话中，我们可以发现涉及的问题有以下几个方面。

- 团队长远离"炮火"，待在舒适区较久导致决策偏差。
- 选人、用人仅凭经验、喜好，导致要用人时无人可用。
- 面对风险变化，能居安思危、未雨绸缪的管理者少之又少。
- 团队普遍有畏难情绪，不肯迎难而上，难以突破业务瓶颈。
- 近年来，网搜盛行导致此时期加入行业的顾问寻访技能普遍单一。

过往对客户的调研分析和筛选能力要求不高，能采购猎头服务的大多已自证实力，如今潜在客户看似多了，实则鱼龙混杂，各行业变化的节奏随着政策、经济走势、行业发展、技术革新的变化而明显加快，这些对团队长的细分领域选择、客户筛选和管理、顾问职位分配与协作能力都提出了更高的要求。

三个人的聚会，从人层面的探讨步入了事层面的讨论，这次的讨论由于直接和如何做事挂钩，让习惯研究如何做事的三人进入了自己更为熟悉的领域，讨论也因此更为积极热烈。如果说教会人做业务是第一道关卡，带人把业务做好是第二道关卡，那么持续地教会不同的人，带人把不同的业务做好就是第三道，也是最难的关卡了。

卓越的团队长是那些闯过了最难关卡的人，并且深知没有最难的关卡，只有新关卡。团队的行动力强弱看似是顾问的事，是执行层面和能力层面的事，但其实是整个团队的事，从团队长到顾问，从战略规划到战术执行,从意愿到能力,从选人到用人,关系方方面面。

一言以蔽之,所有的事是环环相扣的,是一个系统的事。所以能做好团队长实属不易,尤其是在当下环境中做猎头这样的基于人的业务。正因此,才会发生对话中所提及的团队长"纷纷下课"的情况。这也暴露了行业内管理人才匮乏,有职位没能力的人不在少数的现状,提高团队长的管理能力是势在必行的事了。

【注】在篇首的故事中,三位究竟做了哪些学习和讨论?
扫码查看文章,可用微信自带的听读功能。

CHAPTER 7

第七章
执行力——打造高绩效团队的核心竞争力

格蕾丝提到,在她想让自己的下属管理者、一线团队长去进行新赛道的开拓时,发现自己的授权及放权存在问题,导致最终只能自己亲自下场。其实,对于大部分人数规模在 20 人以内的猎头企业而言,组织内部基本上只有一线团队长,一人带 3~5 个人,这导致很多升任团队长的顾问在职位身份转变之后,对自己的角色认知转变并没有跟上,还是在用师傅带徒弟的方式进行团队的管理,这就造成了授权、放权的意识和管理经验不足,包括但不限于不知道两者的具体使用场景和范围、两者的区别,以及如何对不同的顾问进行运用、运用的尺度如何判断等。

在新时代和新经济形势下,团队长更会觉得自己在团队管理(包括人的管理、业务的管理)上力不从心。

而猎头顾问在新形势下的压力也非常大,因为大家都需要从舒适区走出来。

- 对于习惯于网搜寻访-推荐跑量模式的顾问来说，需要从寻访习惯的转变做起，直到具备进行精细化操作职位的能力。
- 对于每年的职位操作节奏比较平稳的顾问来说，需要从服务大客户的习惯转变做起，直到能够适应频繁的新客户试水，具备快速抓住有效职位，以及培育新的大客户的能力。
- 对于习惯做中层管理岗位的顾问来说，需要从长期服务某一年薪区间的习惯转变做起，直到具备操作跨年薪区间，尤其是高年薪岗位的能力。

面对全新的形势，很多顾问业绩下滑也是不可避免的趋势，如果团队长没有注意到这些问题，没有及时地加以干预、引导及赋能，那么团队的业绩就会持续下滑。

7.1 授权管理——有效授权方能释放团队潜能

很多新手团队长或拥有1号完美主义人格的团队长，容易过少地授权给下属顾问，这种错误的做法会导致无效管理，团队执行力越来越差。所以，有效的授权是一项重要的管理技巧。

7.1.1 授权与放权

在谈及授权时，人们往往会联想到放权。授权和放权的区别是什么呢？先看一下两者的特点，如表7.1所示。

表7.1 授权与放权的特点

分类	特点	特点明细
授权	·分配职责 ·限定权限 ·监督与评估	·将特定的职责分配给被授权人，使其独立地进行决策和行动 ·授权的范围是有限的，被授权者在具体工作任务的范围内行使权力，且授权不可以托付相应的责任 ·授权后，上级、上级主管部门需要对被授权者进行监督和评估，确保授权任务的完成
放权	·自主决策 ·提高灵活性 ·减轻压力	·下级拥有更多自主权，可以自主决策并承担相应的后果 ·可以促进组织的灵活性和反应速度提升，促进创新和变革 ·上级通过放权可以减轻自己的工作压力，将精力放在更重要的任务上

放权的定义是把权力交给下属或下属部门。放权中，下放的权力不是必须与具体工作任务挂钩的，且可以托付被放权方必要的责任。而授权的权力授予往往是和具体的工作任务挂钩的，且不可以托付相应的责任。

何时使用授权，何时使用放权？对于顾问而言，一线团队长大多数情况下都会采用授权管理，只有在顾问有能力独立操作职位并愿意承担相应后果时，团队长对这一部分的工作任务才会选择放权管理。

如果已搭建导师制度，让资深顾问对新手顾问进行带教，这一部分的工作任务可以采用授权管理，也可以采用放权管理，具体则需要看带教顾问的情况。

此外，带教顾问或资深顾问如果被设为储备干部，在其考察期的中后期，也可以在授权管理的同时，辅以一定的放权管理操作，或试行一段时间的放权管理。

总之，面对一线员工，一线团队长更需要熟练掌握授权管理，这是其管理中比放权更重要的部分，符合其岗位在组织中的定位，即基层管理者需要给团队分配工作任务并承担相应责任。而在有一定规模的猎头企业中，如果设置有二线团队长，二线团队长才可能有更多的放权管理操作，并且主要是针对其下面的一线团队长的管理。比如，格蕾丝本身想要放权给一线团队长去做新赛道的开拓及后续的运营管理。

7.1.2 授权管理

授权是为了让团队长、管理者不需要事必躬亲，通过一定的程序将一部分属于自己的工作任务授予下属去完成，而将自己的精力集中在完成更为复杂、重要的工作任务上。此外，授权还能带来四点好处。

1. 改进决策。在很多情况下，授权能起到改善决策的作用。由于顾问与所操作的职位、对接的客户更为接近，其对问题的响应也更为迅速。如果因为不敢授权或害怕顾问犯错而事必躬亲，则可能会错失解决问题的时机。

2. 培养顾问。授权能激励顾问成长和发展。如果顾问觉得做凡事都会有团队长兜底，不懂的事情都可以推给团队长处理，那么其就无法成长为一个能够独当一面的顾问。一些顾问在寻访员阶段的业绩表现不错，等晋升到顾问之后表现反而不尽如人意。其中的主要原因就是在前面的成长阶段里被授权较少，所取得的成绩实际上大部分可以归因于带教的资深顾问、团队长。

3. 提高顾问的责任感。不管决策制定得多么英明，如果没有被正确地执行，成功的可能性还是极低的。提高决策执行质量的一个手段就是增强执行人员的责任感。对于能力不错的顾问，更好地授权其对接客户、参与客户管理、业务拓展等工作，有助于激发其对本职工作的责任感,减少对上级的依赖。

4. 改善团队长与顾问之间的关系。授权行为表现出管理者对被授权者的信任和信心。如果一直不肯授权或授权过少,对于能力较强的顾问来说,难免会觉得自己不被团队长信任,这不利于团队凝聚力的打造。

想要做好授权管理,团队长还需要知道七个授权步骤、三大保障机制,以及两个注意事项。

授权管理的七个授权步骤如下。

1. 确定授权的事项和授权的范围。
2. 挑选适合授权的人员。
3. 与被授权者进行沟通,或安排适当的培训。
4. 说明授权事项,明确衡量标准。
5. 授权完成后,让被授权者执行工作。
6. 监控过程,提供辅导,赋能被授权者,使其独立处理问题。
7. 上下级之间就完成情况进行沟通、总结和复盘。

举例说明,比如团队长签约了一个新客户之后,授权团队内的一名资深顾问负责该客户。授权对象是这名顾问,授权的事项和范围就是该客户的日常对接事项,包括职位交付过程中的一系列事情的管理和沟通。

对此,团队长需要一对一进行客户情况介绍,包括人员介绍、首批职位情况介绍以及自己的具体期待。此外,最好在合作初期能带该顾问一起做客户拜访和职位交流,将该顾问引荐给客户。

曾有一个团队长将自己看好的一家客户授权给了一位资深顾问,由于其在授权时没有明确地表示其对该客户的具体期待,导致该资深顾问一直以为这是一家非重点客户,没有付出足够的时间和精力进行客户关系维护和职位的交付，最终导致新签约的客户并没有达到团队长的期望。

这样的情况是很常见的。主要原因就是团队长在授权时没有做好第四步，等到需要做第七步结果复盘时，不仅为时已晚，而且很可能因为彼此在客户上的投入度、参与度不够而只能不了了之。当然，顾问对授权任务不够重视，也有很多是因为存在前面章节中提及的团队没有共同愿景、团队凝聚力不足的问题。

做好授权管理需要三大保障机制，具体如下。

1. **参与机制**。允许顾问参与授权过程。授予顾问多大权力才能保证职位任务的圆满完成？最好的衡量方法是听取顾问的意见。如果团队长允许顾问参与授权的过程，确定好授权什么、需要授予多大的权力、判断工作结果的标准是什么，也就能激发顾问的工作积极性。当然，顾问的参与可能会引发一些潜在的问题，比如挑单、过度要求权力，而这些权力可能已经超过了他所能控制的范围，例如想要对接客户的高层管理者，但其自身还不具备对接管理的能力。在决定授权什么和授予多大的权力时，团队长需要因人而异，具体问题具体分析。

2. **通告机制**。告诉其他顾问关于授权事宜的情况。不仅是团队长和被授权的顾问需要知道授权什么和授予多大权力，任何可能受到这次授权影响的人都应该了解这些信息。实际上，如果团队长漏掉这一关键步骤，没有进行通告，哪怕只是延迟了通告时间，顾问的代理权都可能会受到各方的质疑，还可能引发冲突，从而降低被授权的顾问圆满完成任务的可能性。

3. **反馈控制机制**。如果只有授权而没有反馈，那就会事与愿违，无法提高工作的效率和获得预期的结果，顾问还可能滥用其被授予的权力。建立反馈控制机制，监督顾问的工作进度，有助于提高发现重要问题、促进职位任务完成并获得期望结果的可能性。

理想情况下，反馈控制机制应当在进行最初的人员分配时建立。事实上，一个运行良好的机制也可能出现问题。如果控制得太多、太死，就剥夺了顾问建立自信心的机会，适当授权的激励作用也将丧失。

一个设计良好的反馈控制机制应当允许顾问犯小错误，当大问题即将来临时，能够及时警告团队长。这一点需要团队长认真思考并在实践中不断完善。如果团队长只是基于公司对关键考核指标的要求对顾问进行授权管理，比如只看每周的报告推荐数量，那么，很可能不是延误发现报告的质量问题，就是陷入只追求数量的陷阱。并且由于不断地对未达成指标进行责问，却没有及时给予帮助和指导，甚至在没有充分沟通的情况下就改变职位操作的被授权人等，容易引起顾问的反感，让顾问觉得不被信任。

做好团队授权的两个注意事项如下。

1. 团队长需要做好授权管理前的准备工作，即自己的时间管理。团队长可以用大家熟知的重要－紧急四象限矩阵工具将工作分为四个类别，分别为紧急重要的工作、重要而不紧急的工作、紧急而不重要的工作和不紧急不重要的工作。除重要而不紧急的工作外，其他的工作都可以进行授权。重要而不紧急的工作，应该占据管理者50%左右的时间和精力，比如团队建设、业务规划及重要客户的关系维护等。

2. 要注意预防和及时发现下属的反向授权。实际上，下属经常会反向授权，把原本应该他完成的事情，通过提问、抱怨的方式，反向授权给管理者，比如顾问让团队长去帮自己谈一个具体的 offer，或应付客户的投诉等。

这样的结果会让顾问越来越轻松，而团队长则越来越忙。所以，要杜绝反向授权，第一要务就是明确每个岗位的职责，每个人做好自己的事情。对此，团队长除了要明确顾问的职责外，也有必要清楚地知道哪些工作是可以授权的，哪些工作则不适合授权，如表 7.2 所示。

表 7.2 授权与不授权事项解析

分类	事项	举例
可以授权	・简单、重复的事情 ・占用管理者较多时间，但价值不高的事情 ・风险较小的事情 ・下属以其能力能够去做的事情 ・下属期待去做的事情 ・培养下属时，需要去做的事情	・团队入职的基础培训 ・团队例会的主持人 ・熟悉客户、合作人员的日常对接 ・资深顾问对接新客户 ・资深顾问带教新人员工 ・电话录音的反馈意见
不可以授权	・风险很大的事情 ・对组织和部门影响重大的事项 ・人才的管理 ・有关部门形象的事情 ・签字、盖章的权力 ・财务管理、费用管理 ・上级交代的需要管理者 ・需亲自完成的事情	・重要客户的老板、高层管理者的首次对接 ・新赛道的选择 ・顾问的招聘 ・客户方要求其作为领奖人的领奖 ・上级要求的陪同参会

总之，授权管理理解起来不难，但要实施得当，尤其是建立和完善好反馈控制机制，并能及时给予必要的精神赋能和技能指导，则需要团队长在实践中结合自己团队的情况，在不同的发展阶段慢慢修炼和提高。

7.1.3 授权的依据：猎头顾问的胜任力模型

是否还有其他因素制约了授权管理的表现？在经典畅销书《管人的艺术》中，作者提出了三个因素：一是组织文化，二是管理者对员工胜任力的看法,三是管理者自身的工作量,其中管理者对员工胜任力的看法是最重要的因素。

因此,笔者根据过往经验和近年思考,对猎头顾问的胜任力模型做简要分享,抛砖引玉。希望有助于团队长、管理者在进行授权管理和任务分工时,能够依托理论工具和量化打分的方法,而非主观感觉和个人经验来进行授权。

胜任力这个概念最早由哈佛大学教授戴维·麦克利兰(David·McClelland)于1973年正式提出,是指能将某一工作中有卓越成就者与普通者区分开来的个人的深层次特征,它可以是动机、特质、自我形象、态度或价值观、某领域知识、认知或行为技能等任何可以被可靠测量或计数的,并且能显著区分优秀与一般绩效的个体特征。胜任力模型其实就是基于对某种工作中卓越成就者的胜任力是如何构成的看法而构建的。该模型工具通常包括可量化打分的多种要素,并通过打分以区别卓越者和普通者。

如其定义所述,胜任力的拆解基于个体特征的拆解。个体特征是指人可以(可能)做什么,表明人所拥有的特质属性,是一个人个性中深层和持久的部分,决定了这个人的个体行为和思维方式。根据一个人的个体特征,能够预测其在多种情景或工作中的行为。

个体特征分为五个层次。

- 知识(个体所拥有的特定领域的信息、发现信息的能力、用知识指导自己行为的能力)。
- 技能(完成特定任务的能力)。
- 自我概念(个体的态度、价值观或自我形象)。
- 特质(个体的生理特征和对情景或信息的一致性反应)。

- 动机/需要（个体行为的内在动力）。

这五个层次的胜任力特征组成一个整体的胜任力结构，其中，知识和技能是可见的、相对表面的外显特征，动机和特质更为隐秘，位于人格结构的更深层，自我概念位于中间位置。

表面的知识和技能是相对容易改变的，可以通过培训实现其发展；自我概念，如态度、价值观和自信也可以通过培训实现改变，但这种培训比对知识和技能的培训要困难；核心的动机和特质处于人格结构的最深处，难以对它进行培训和发展。换言之，管理者、团队长在招聘顾问时，要着重考察人的核心动机和特质，即他的成就动机是什么、他为什么要来做猎头等看似务虚但实际非常重要、需要深挖的问题，因为这几乎是无法对他人进行再造的部分。而录用顾问之后，就需要将精力重点放在能够通过培训、带教等手段提高的知识、技能上，同时，不能忽略在日常工作及培训、集体活动等场景下改善工作态度、塑造共同价值观、增强信心的意识和行为，如图 7.1 所示。

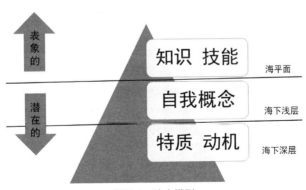

图 7.1 冰山模型

戴维·麦克利兰认为,水上冰山部分(知识和技能)是基准性特征,是对胜任者基础素质的要求,但它不能把表现优异者与表现平平者准确区别开来;水下冰山部分可以统称为鉴别性特征,是区分优异者和平平者的关键因素。也就是说,很多猎头企业、团队把胜任力模型的搭建只放在知识和技能方面是远远不够的。

针对知识和技能对顾问进行培养,可以让团队拥有60分到80分的顾问,但只有对水面下的自我概念、特质、动机部分进行筛选,才可能获得90分以上的顾问。在人才的选育留用环节中,选的环节值得更多的组织和团队加以重视并投入更多的精力。笔者认为,不同时期对于水面上的维度和水面下的维度考察的侧重点应有所不同,具体比例参考如图7.2所示。

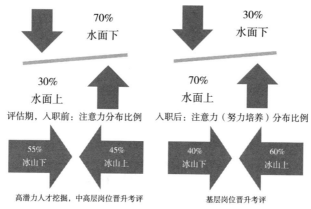

图7.2 冰山模型在猎头团队的人才管理与发展方面的应用

事实上,很多组织和团队并没有加以区分,或者说一直侧重于水面上的部分。固然,水面上的部分是人力可为的区域,努力可见成果的地方,但是正如胜任力的概念所揭示的那样,水面下的部分的差异才是关键,是二八原则中的"20%"的部分。

所以，如果组织、团队愿意回顾过往，重新复盘、建立胜任力模型的话，笔者尤其建议在晋升标准上，注重水面上和水面下两部分的比例分配：平时分配的比例侧重外在行为的，往内在动机靠拢些；平时分配的比例侧重内在动机的，往外在行为靠拢些。

组织一般都喜欢看外在行为、看结果，但越是核心管理岗位，越是高潜力人才挖掘，越需要看内在的动机、特质部分。伟大的组织往往都能牢记胜任力的概念，而不仅仅是制造出一个精美的胜任力模型用以做KPI（关键指标）考核。

顾问在自我概念、特质、动机方面的要求必然和各个猎头企业的组织文化、使命、愿景、价值观以及基于过往经验总结出的所赏识的特质等紧密联系。因此，这里只简要罗列一下三大维度的核心要素，如图7.3所示。

图7.3 三大维度核心要素

需要再次强调的是，每个团队都需进行深入的调研分析、讨论汇总来确认自己团队所共同认可的要素。当然，知识和技能部分也不例外，只是知识、技能的要求一致性更高。

首先，由于不同猎头企业、团队的业务分工不同，有的组织是360度顾问，有的组织是交付型顾问和 BD（Business Development，业务拓展，即开发企业客户）型顾问配合，那么，在各自的胜任力模型中，知识和技能部分的权重比例就需要有所不同。权重比例参考如表 7.3 所示。

表7.3　分工不同的猎头团队的顾问胜任力模型权重比例参考

顾问分类	BD 阶段	寻访阶段	寻访之后的 offer 管理阶段
		交付阶段	
		做单	
360度顾问	50%	20%	30%
BD 型顾问	90%	/	10%
交付型顾问	/	30%	70%
	时间管理	项目管理	做单管理
顾问	10%	20%	70%
纯项目经理	30%	70%	/
项目经理	20%	50%	30%

其次，知识部分的要素由三个部分组成：职场所需的通用型知识；岗位（比如招聘经理）所需的通用型知识；岗位所隶属的职能（比如人事）的专业知识及岗位所属行业（比如汽车行业）的专业知识。有以下要点需要注意。

- 每一部分的具体条目应有 3~5 条，最好不超过 10 条。
- 每一个条目下的具体打分标准需要有具体细则。

最后，技能部分的要素，参考维度及量化能力分别如图 7.4、图 7.5 所示。

第七章 执行力——打造高绩效团队的核心竞争力

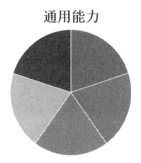

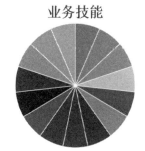

图 7.4 技能部分参考维度示意图

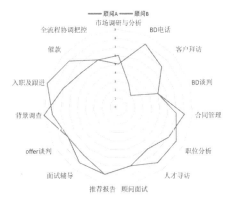

图 7.5 量化能力可视图

量化打分的表格可以让人知道具体的知识和技能的掌握情况，但若要让人一目了然，有清晰的视觉感知，最好用图形的方式进行可视化。比如，用图7.5这样的雷达图，既可以做单个顾问的年份对比图，也可以做多个顾问的能力对比图。此外，每一项技能实则还有具体的细分动作。

以寻访技能为例，具体的细分动作、分类条目如表7.4所示。

表7.4 寻访技能细分说明

技能模块	分类	具体技能	占比
寻访	单一应用	网络搜索	需要根据顾问所处的阶段和服务岗位的特点来分配比例
		自媒体运营	
		陌生电话（Cold Call）	
		实地走访（展会活动、目标楼群）	
	综合应用	转介绍	50%
		Mapping（制作人才地图）	50%

此外，针对每种技能还可以继续制定从不会到精通的标准细则。比如，不会是0分，熟练是4分，精通是5分。每一个分数区间的标准是什么？这需要仔细地推敲和打磨。

那么，如何根据胜任力模型来进行授权呢？可以参考阿里巴巴集团采用过的绩效考核"271机制"，20%的人有晋升机会，70%的人得以保留，10%的人面临淘汰或调整。相对应的，以胜任力模型中的得分为参考，20%的人可以给予较多的授权，比如20%最高绩效的顾问，他们可以独当一面，团队长就没必要事事做出指示；70%的人可以根据人和任务的具体情况给予一定的授权；而10%的人需要根据时间等情况来做出判断，决定是继续观察培养，还是直接"优化"。

总之，希望组织的管理者、HR及业务部门的核心骨干可以一起商讨研究，以五个维度（知识、技能、自我概念、特质、动机）为参考，建立适合自己组织、团队的具体的胜任力模型。这样做，在胜任力模型的基础上不仅可以完成绩效考核的评估，还可以将授权的管理思路一并梳理完成。

7.2 自驱管理，以身作则

根据胜任力模型-冰山理论，水面之下的特质、动机是外界很难去影响和改变的部分。对于这一部分，管理者、团队长可以做的就是以身作则，起到示范作用。如果团队长自己都没有干劲、得过且过，一边躺在过去的功劳簿上，一边指挥下面的顾问去冲锋陷阵、力争上游，还不时指责顾问不愿意在工作上投入更多精力，多少会显得滑稽可笑。

以身作则的道理人人都懂，却知易行难，这一方面是因为人性本能中的惰性，另一方面是随着踏入职场的时间变长，不少团队长到了成家立业的年龄，在拥有家庭之后，自己的时间管理、精力分配、人生目标都遇到了新的挑战。

下面介绍一下生涯规划咨询和教练技术中都涉及的平衡轮工具。希望该工具有助于团队长们找回初心、认准目标、重新规划，实现工作与家庭的平衡。团队长还可以使用该工具帮助顾问进行个人职业发展的规划。

画好自己的人生平衡轮

平衡轮是一种基于舒伯生涯发展理论演化出来的工具。通过运用舒伯的生涯彩虹图，我们可以了解到人生不同阶段会扮演不同的角色，需要承担不同的任务。而平衡轮则清晰地展示了我们在人生的不同阶段最需要关注哪些事项，帮助我们对比自己的目标，找出与目标之间的差距，以及为了缩小差距而可以努力的方向。通过平衡轮，人们往往能意识到需要做减法、做聚焦，不在同一时间"既要又要还要"。

平衡轮可以有不同的分类，大体上可以分为人生平衡轮、生活平衡轮、工作/事业平衡轮。每个轮子里的具体维度可以由当事人自定义，建议至少有3个，最多不超过10个为佳，如图7.6所示。

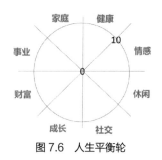

图7.6 人生平衡轮

在画好的圆上，以不同维度将圆切分，再给每个维度进行打分，依据打分来填充不同的颜色，形成不同的扇形，最终就得到了一个具体的平衡轮。画出平衡轮并不难，难的是对其进行分析和讨论，和其他工具一样，贵在多多实践，在实践中总结心得体会。

曾有一位女性在晋升团队长一年多后找笔者咨询，她觉得自己近几个月状态很差，一方面其有生育的计划，且这一点基本上是不会改变的家庭决策；另一方面觉得自己团队刚起步，希望把团队管理好。可是最近一年多，她的个人和团队的业绩都不行，因此她对自己产生了怀疑，一直在纠结要不要转型，是先跳槽还是等生育之后再做打算。

为了让她先厘清自己的核心问题、主要矛盾，笔者让她画了两次平衡轮。

第一次画的是人生平衡轮。在人生平衡轮图中，她分了事业、家庭、健康、成长、财富和社交六个维度，打出的最低分是健康维度，只有4分，而事业和家庭的分数都是5分，其他维度的分数基本是6、7分。

笔者问她最希望改善的维度是哪一个，她回答说是健康，并表示最近一直睡不好，做梦也都是工作场景，导致白天精神状态很差，工作效率也受到很大影响。

笔者接着问她，想要如何改善健康，她表示还是需要先处理好工作问题。笔者再次和她确认了是否要探讨工作问题，以及是否认为只有工作问题得到解决才能帮助她。在得到明确的回复后，笔者让她画了第二次平衡轮。

这次画的是工作平衡轮。工作平衡轮需要她画出目前的工作任务，以及对每一块工作任务的打分。这位团队长的分类维度是大客户管理、做单、BD、团队管理、项目协调。其中，她给团队管理打的分是最低的。

在沟通之后，她明确了自己的目标。希望三个月后，团队管理维度的分数可以从目前的5分提高到7分，提升的2分是在授权管理和减少批评方面。至此，通过平衡轮工具将其真正的问题症结找了出来。

作为团队长，想要用平衡轮工具给顾问做分析的话，具体步骤如下。

1. 说明为什么要使用这个工具，这个工具可以帮助我们做什么。
2. 说明如何画出一个平衡轮。
3. 让顾问耐心地画出平衡轮。
4. 提问哪一个维度是最想改善的维度。

5. 根据这个维度展开具体的沟通、讨论（过程中可能会有维度的调整，也可能一开始会有 2~3 个维度，需要通过梳理进一步地缩小关注的焦点）。

6. 由顾问制订具体的改善方案和行动计划。

7. 下一次再画平衡轮时，可以对照本次的平衡轮图和计划来看。

根据实践经验，笔者整理了一些建议。

1. 无论你是在咨询技术还是教练技术的学习中遇到过平衡轮工具，也包括实践过的读者，如果是对自己进行探索，尽量用自我问答的形式。建议在探索之后，再找朋友、伙伴、专业人士进一步探讨，以求突破个人思维的局限。

2. 不要奢望各个维度都是高分，这也是平衡轮不平衡的根本原因。人的时间精力有限，任何时期、任何事情上都要学会抓主要矛盾。越是想要面面俱到，越是容易身心俱疲，即便因全力以赴而得到高分，也难以持久。人需要追求的是相对平衡，在当下阶段，厘清各要素的重要程度，并做好清晰的排序。

3. 对内探索时，也需要看到外部环境、外界因素，不要凡事都只归因于自己，造成对自己过多的苛责和不接纳。很多优秀的人因为从小被教育面对失败不可以往外归因，导致他们刻意忽略客观环境和外界条件对结果产生的作用。人如果习惯忽略外因的阻力，也就往往会遗忘外因的助力。这和只归因外界因素的人其实是犯了同样的错误。

总之，平衡轮和其他相关工具（如彩虹图等）都是值得团队长学习和掌握的工具。这些工具不仅有利于让人自我教练、自我赋能，还可以帮助自己和团队成员共同成长。团队愿意共同学习、一起成长，才可能因明确的目标、共同认可的团队愿景而在工作中不怕困难和挑战，拥有强大的执行力，做到客户导向、使命必达。

· 本章小结 ·

执行力的强弱不仅是能力的问题，还涉及意愿的问题。刻意学习，获得理论知识，不断实践，收获经验教训，这样才能提高人的能力。对此，管理者可以做的是，创造学习的环境，提供学习的路径和方法。授权是其中的一种方法，可以激发人的自主意识和做事积极性，也因此，授权管理是重要的管理能力之一。团队长需能区分授权与放权，并做好相应的管理，因人而异、因事而异、具体问题具体分析。

恰当的授权可以激发顾问的责任心、办事的积极性和奋斗的激情，提高团队的执行力。团队长对顾问的授权、放权不能依赖个人情感的亲疏远近，或仅凭经验感觉，而应结合胜任力模型等工具，以及平日的观察和管理过程中获得的行为反馈来操作，尽量对顾问进行客观评估，逐渐清晰地知道在各种情况如何进行合适的授权或放权。

此外，想要提高团队的执行力，团队长必须坚持做到以身作则、身先士卒。团队长可以使用平衡轮等工具帮助自己及团队成员调整状态，激活内驱力，从而带动整个团队有更好的表现。

本章要点梳理如图 7.7 所示。

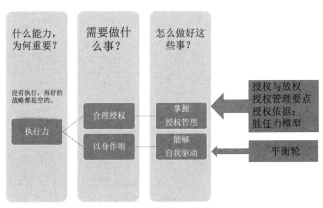

图 7.7　本章要点梳理

CHAPTER 8

第 八 章
交付力——如何高效匹配人才与职位

中国猎头市场的主流收费模式为后付费模式，即只有人选入职才能收取佣金。在这种模式下，猎头顾问的交付能力就变得尤为重要。没有成功交付，前期的所有努力将面临转化成果为零的结果。也因此，南希在对话中提到的顾问交付能力不强问题是团队提高均产、转型新赛道的最大阻碍，这其实也是各家猎头公司发展过程中绕不过去的最大阻碍之一。

员工在顾问阶段提升能力，离不开团队长的培养，仅靠公司的培训体系是远远不够的，这主要是因为猎头业务是基于人的业务，是基于人的动机和信息不断变化而形成的人岗匹配的信息差业务。和所有业务一样，猎头业务的流程可以标准化，但流程内具体问题的处理思路和方案却往往需要一事一议，是无法离开资深员工对资浅员工的带教和培养的。更何况，很多猎头公司至今没有公司层面的培训，更不要说培训体系了。此时，团队长的带教和培养就显得至关重要了。

可问题是，正因为很多公司没有培训体系、培养方案，所以当业绩突出的顾问升任团队长之后，他自身的项目管理、复盘管理、时间管理、情绪管理的能力和水平都没有跟上，往往无暇再带教和培养自己团队的顾问了。这就是格蕾丝会面临至暗时刻的根本原因，她自己及她的一线管理者在挑战出现前都没能做好下属人员的培养工作。当出现巨大挑战时，所有过去被掩盖的问题和人员能力的不足都暴露出来。

培养跟不上的问题导致很多团队的业绩难以持续稳健地增长，业绩只能依赖团队长、明星顾问。同时，由于公司和团队对顾问的赋能较少，培养、关心不够，顾问往往会将个人取得的成绩全部归功于自己，对组织的忠诚度低，这就会导致顾问的流动率高，尤其是业绩好的顾问的留存率低。

而猎头公司的业务属性决定了顾问是其重要的核心资产，对小规模团队和组织来说，更是其唯一重要的核心资产。所以，如果这一部分资产的价值不高，那么组织的发展势必堪忧。而对于客户来说，这一部分核心资产的价值主要就体现在岗位的交付能力上。如果一个猎头团队的团队业绩不佳，或仅仅依靠一两个人的产出生存，或团队的流动率高等，那么都可以总结为该团队的交付力不足。这势必导致团队在未来的竞争环境中不会被客户优先选择，更难成为客户长期合作的供应商。

本章将从团队长如何提升顾问的交付能力角度出发，分两部分进行阐述：一部分是团队长如何提高顾问的业务能力，以及自己管理团队业务所需的能力；另一部分是团队长如何从选育留用的角度，在四个阶段分别做好顾问交付质量的保障工作。部分相关内容在前述章节中已阐述过，本章将不再赘述。

8.1 团队长赋能——培养精英顾问实战策略

无论猎头公司是否有公司层面的培训体系、培养计划，团队长都需要有自己对团队成员的培养方案。除了前面章节提到的基于人的性格特质、团队角色、个人目标等进行因人而异的沟通外，还需要有一套带教工具对顾问进行定时定点的培养。换言之，团队长在日常工作中对顾问的答疑并不能仅做到有问必答，还要让顾问知其然更知其所以然，避免在重复性的问题上浪费大量的时间，甚至对自己时间的管理失去控制。

对此，笔者向大家推荐广受读者好评的《百万猎头从入门到精通》一书作为顾问的实用型业务工具书，也可以参考千聊 App "珍妮姐说" 猎头培训直播间的系列课程，尤其是基础系列的做单、寻访、BD，来辅助团队长对猎头顾问进行培养及日常答疑。这将有助于团队长在自己任职初期或无余力自主开发课程和教材时，节省宝贵的个人时间，并高效地进行业务的科普。团队长引入外援的做法还可以让顾问感受到团队长对自己成长的关心和切实的投入。

除了课程学习和工作中的案例讨论、书籍阅读及问题检索自查外，团队长还需要尽力做到 16 字箴言：我说你听，你说我听，我做你看，你做我看。对于新手顾问，团队长应尽量将带教落实到日常工作的一言一行中，尽量在具体的职位交付过程中，及时发现顾问的问题并给予适当的指导。最好的方法之一就是在顾问的沟通过程中多倾听，也多让顾问旁听自己的沟通过程。同时，在前期对顾问面试、客户拜访进行言传身教式的示范；在中后期陪同顾问操作业务流程时，观察其行为举止，并督促其做好事后的复盘工作。下面就如何做好工作复盘，进行简要介绍。

8.1.1 复盘的艺术：如何将工作经验转化为智慧财富

如果团队长不会做工作复盘，那么也就无法吸取工作中的经验和教训，更无法帮助顾问提升。为何业内会有"工龄长，资历浅"的说法，就是因为从公司到个人普遍既不重视输入端的培养培训，也不重视输出端的结果复盘，导致很多人的能力并没有随着入行年限的增长而有所提高。

复盘，指的是通过事中、事后深入的、结构化的自我及团队反思，总结出人、事和系统层面的经验、规律，是一种提升个人和组织心智能力的方法。一个完整的复盘流程，如图 8.1 所示。

图 8.1　复盘基本流程

在以上五个步骤中，第三步分析原因在第六章的分析力中已介绍过相关的理论工具了，而第四步和第五步是通用型的流程步骤，读者往往都比较熟悉了。因此，下面仅就第一步回顾目标和第二步评估结果进行说明。

先来看第一步回顾目标。目标的定义和流程，如图 8.2 所示。

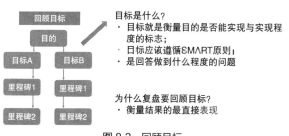

图 8.2　回顾目标

总任务会有总目标，分任务会有分目标。那么，为什么目标下面还要设定里程碑呢？或者说，分目标下面还会有下一层级的分目标（过程目标），分目标和里程碑的区别是什么？

里程碑的定义和特点如下：里程碑说明了怎样做才能实现目标，是通往目标的关键成果，一系列的里程碑反映了实现目标的路径，是基于执行的知识和经验而设计出来的，具有预见性、可控性。由此可见，里程碑并不是下级目标的另一种说法，而是实现每一个具体的过程目标、分目标的具体的方法、手段、路径和行为。因此，在复盘工作时，不仅要回顾目标，还需要回顾里程碑。只有把具体的方法、手段、路径和行为都复盘清楚了，知道哪里已经做得很好了、哪里还可以做得更好，才能将回顾目标的复盘做彻底，也才能让后续的复盘步骤更有针对性。

再来看一下第二步评估结果。评估结果就是，根据事先设定的目标与事后完成的情况之间的差异做客观的评价。举个最简单的例子，顾问给自己设定的年度业绩到账目标是80万元，如果实际做到的数字是100万元，那么就是高于目标完成；如果是80万元，那么就是刚好完成目标；如果是60万元，那么就是没有完成目标。当然，我们在做复盘时，评估结果的环节并不是指根据实际完成情况进行表扬或批评，而是需要具体分析结果从何而来，哪些是做得好的地方，哪些是做得不够好的地方。唯有如此，我们才能萃取精华，吸取教训。

评估结果的时候，所有利益相关方都要参与评估，如表8.1所示。

对于顾问来说，一般没有下属，可以找合作过的人进行反馈。总之，只有尽量找多个合作过的相关方一起评估，评估的结果才能更全面、客观，才能发现更多的闪光点和不足之处，复盘也会更有价值。

表 8.1　评估结果表

利益相关方类别	亮点	差距	最终评价	
客户			亮点 1 亮点 2	差距 1 差距 2
上级				
合作团队				
下属				

有一个猎头团队，年初的团队业绩目标是 300 万元，团队长个人业绩目标是 120 万元，三个顾问分别是 72 万元、60 万元和 48 万元。其中，目标 48 万元的顾问是年初时刚从寻访员升级为初级顾问的，需要团队长较多地带教，而其他两位顾问都能独立做单。团队长除了团队业绩目标外，还有团队人员发展的目标，其和上级明确的事是，如果该年度完成了团队业绩目标，则可以新增 1 名顾问；如果没有完成团队业绩目标的 60%，则团队需要减少 1 名顾问；如果中途有顾问离职，在业绩表现高于团队业绩目标的 60% 时，可以招替补顾问，否则，就不再招替补顾问了。

团队长一开始就做好了团队目标的个人任务分解，包括分解的分目标及具体的里程碑，并和他的顾问一对一都做了这样的任务分解分析及确认。

等到季度、半年和年终复盘时，除了对已完成的部分进行复盘总结、找出结果差距、做好结果评估外，团队长会就前一次设定的接下来的分目标及里程碑进行再确认，如果发现任何预设出现状况，无论是起初的目标低了、进度慢了，还是里程碑的设定不够合理，其都会和顾问一起就他们的计划再做调整，如图 8.3 所示。

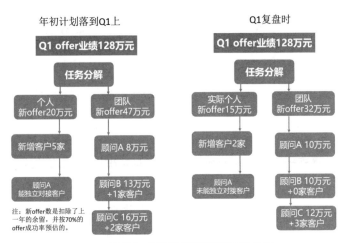

图 8.3　目标计划的分解和复盘举例

通过实际完成情况和计划情况的对比，团队长很容易发现差距在哪里，并根据实际完成情况进行具体分析，相应调整下一阶段的目标计划。伴随目标计划的调整，具体的行为动作，包括业务开发、客户管理、项目管理、团队人员的管理等都需要有所调整。如何找到每一项任务的问题及问题的具体原因、与顾问如何沟通，前面章节均有相关理论工具的阐述，这里不再展开叙述。

正是因为该团队长定期进行动态的复盘，所以其在一季度末发现了自己的业务拓展速度不够快，自己在新晋初级顾问身上耗费了太多的时间，在三季度发现团队业绩最好的顾问有离职的念头。还通过和顾问一起复盘，发现了他们身上各自的优劣势，为达成各个里程碑，进一步完成分目标，以及最后完成总目标奠定了基础。

虽然该团队长最终没有完成300万元的团队业绩目标，但团队成员基本完成了各自的业绩目标，尤其是那位本想离职的顾问，不仅没有离开，反而被激发了斗志，业绩目标超额完成。受经济形势等综合因素影响，这一年整个行业及其所在公司的其他团队的表现都很不理想。虽然没能拿到第二年的增员名额，但该团队长的亮眼表现还是获得了老板的认可。

客户的要求只会越来越高，个人的成长并无止境，只要拥有了复盘能力，并按照复盘流程一步步地做、持续地做，那么个人和团队必将获得长足的进步。

8.1.2　团队长业务管理实战教学

对于猎头顾问而言，每一个职位就是一个项目，每天操作职位就是在做项目管理。只是在顾问时期个人只需要把所有的时间和精力放在职位管理上，对于时间管理压力的感受并不是很强烈。一旦进入团队长时期，绝大多数猎头公司的一线团队长都需要背负个人的业绩指标，需要兼顾个人业务、客户管理、团队管理，这些对个人的时间管理能力提出了更高的要求。

时间管理能力是业务管理能力的基础，业务管理中的管人和管事都离不开对时间的分配和管理。所以，接下来的业务管理部分会从时间管理和项目管理两个方面分别进行阐述。

时间管理的工具

时间管理工具有很多，其中四象限工作法应用较为广泛。即通过重要-不重要和紧急-不紧急的两对关系将事情分为四大类，将所需要处理的事务分门别类，按不同的优先级顺序进行处理，实现高效地利用时间、分配资源。当然，不同的顾问、团队长对于重要、紧急的事务的分类会有不同的看法，或者说，在具体的事情划分上会有不同的判断，如图 8.4 所示。

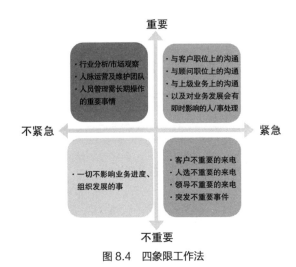

图 8.4　四象限工作法

对猎头顾问的日常工作进行分析，顾问每天的工作任务主要是与人选、客户的电话沟通，面试人选，制作报告，每一类任务的单独操作时长往往是比较固定的，非常适合利用番茄工作法安排每日工作。将番茄工作法和紧急 – 重要四象限工作法结合起来运用，相信对于猎头的时间管理会有很大的帮助。

番茄工作法由弗朗西斯科·西里洛于 1992 年创立。使用番茄工作法需遵守的规则如下。

1. 一个番茄时间共 25 分钟，在这 25 分钟内工作，然后休息 5 分钟。

2. 一个番茄时间是不可分割的。

3. 每 4 个番茄时间后，停止工作，进行一次较长时间的休息，15 分钟到 30 分钟。

4. 完成一个任务，划掉一个。

当然，在实际的工作场景中，还是需要随机应变，预留弹性时间，而非机械执行。

将番茄工作法和重要－紧急四象限法结合起来，可以制作一张周计划时间表，如表 8.2 所示。

具体的工作内容需要由团队长和顾问填写，建议团队长可以带领顾问完成以下事项。

1. 一起讨论并制作每个人的周计划时间表，确定大体的任务安排和时间分配的对应关系。

2. 每天计划当天的具体任务及实际操作情况，如实记录一周的情况。

3. 一对一讨论可优化的地方，包括时间的切分、任务安排的顺序调整、操作任务的思路改变，等等。

表 8.2 番茄工作法和紧急－重要四象限法结合的周计划时间表参考

时间段	番茄	周一	周二（顾问）	周三	周四	周五（团队长）
09：00—09：59	2	例会	邮件、消息处理/当日待办清单确认			邮件、消息处理/客户拜访准备
10：00—10：59	2		寻访			客户拜访
11：30—11：59	1		面试安排/报告			客户拜访
12：00—12：59	2					
13：00—13：59	2	中午时间可以一半休息，一半作为固定答疑时间段（周五，团餐）				
14：00—14：59	2					

续表

时间段	番茄	周一	周二（顾问）	周三	周四	周五（团队长）
15：00—15：59	2		寻访/人选面试			面试，上级沟通
16：30—16：59	1		客户沟通/报告			职位操作
17：00—17：59	2		人选跟进/消息处理			一对一谈话或团队分享会
18：00—18：30	1		与上级沟通，杂务（出差安排）			

注：由于猎头工作的性质，一些沟通电话需留待晚间人选下班后联系。预留突发事件处理时间和休息时间。

此外，团队长和顾问还可以学习 GTD（Get Things Done，把事情做完）工作法，以 GTD 工作法揭示的流程来确认自己接到具体任务时，如何进行人员分配和时间规划。

总之，人们对于具体事情的分类、分配难免会有不同的看法，对于工具也会有不同的偏好。管理无须将大家的想法完全统一，但是，管理者、团队长还是需要多多征集高绩效顾问对某个有时间管理分类争议的任务的看法。如有可能，找出高绩效顾问在时间管理上的具体实践及其规律，用以指导其他顾问。

项目管理的工具

猎头团队长往往也是项目经理，作为团队某些大客户的对接人，其需要监督和管理顾问手上的职位进展情况及交付质量，这就需要其具备项目管理的能力。项目管理的书籍和时间管理的种类一样繁多，也有不少相关的理论、工具、方法，比如，读者可能熟悉的甘特图和一页纸项目管理法，如图 8.5 所示。

序号	工作内容	开始时间	结束时间	周期	责任人	年 ## ## 月 12 1 2 3 4 5 6 7 8 9 10 11 ## 12 1 2 3 4 5 6 7 8 9 10	任务状态	进度跟踪
1	任务A	2022.09.20	2023.01.05	11.1	甲		×	91%
2	任务B	2021.12.01	2022.11.12	35.4	乙		×	55%
3	任务C	2022.08.01	2022.09.17	5	甲		×	100%
4	任务D	2022.05.01	2022.08.02	9.37	乙		×	36%

序号	工作内容	阶段当前	1 职位分析	2 顾问面试	3 推荐报告	4 客户面试	5 薪资证判	6 Offer谈判	7 背景调查	8 离职跟进	9 入职开案	10 保证期跟进	11 催款
1	任务A	10											
2	任务B	6											
3	任务C	11											
4	任务D	4											

作用：
1. 通过看花费的时间长度（周期）及进度（阶段）来初步诊断自己／顾问在哪些职位上存在问题，擅长哪些职位以及个人操作职位的特点。
2. 通过绿色（没问题）、黄色（存在问题）、红色（问题很大）来区分职位状况，并且就红色及黄色标记的职位可以考虑用一页纸项目管理法进行细化分析。
3. 汇报工作时，简单清晰地给上级、客户呈现项目进展情况。

图 8.5　甘特图示意图

在此，简要介绍团队责任例会。这个工具虽然很简单，但其既可以使团队每周就职位进展情况开的例会不流于形式，也可以用于管理多名顾问共同参与的 Mapping 等非职位交付类项目。

团队责任汇报例会是项目管理的重要手段，通过定期（通常是按周或月）举办不同级别的项目状态回顾会议来交流项目信息，确保项目能够顺利完工。其与传统例会的区别，如表 8.3 所示。

表 8.3　常见会议 vs 团队职责汇报会议

典型的"项目进展汇报"	团队责任例会
·听其他人（或假装别人）对自己做的事唠叨个不停，要么信手涂鸦，要么玩手机； ·如果是电话会，忙着做自己的工作（或者干脆放静音小睡一觉）； ·对没有按时完成的事情找借口或者推卸责任； ·在会上浪费几个小时	·集中查看项目日程表和预算，我们是否按进度前进？如果没有，原因是什么？ ·集中关注怎样互相帮助并帮助大家排除障碍； ·专注于如何赶上进度／保持目前的进度； ·速战速决，按规划行事

注：表中内容摘自《项目管理精华》一书，由科丽·科歌昂、叙泽特·布莱克莫尔、詹姆士·伍德编写。

大多数公司、部门和团队都会开每周例会,但例会总是流于表面,往往不能解决问题。猎头团队的例会往往也是如此,大多是汇报一下手上职位的情况,对上周的表现自评一下,对下周的计划说明一下,部分团队成员会遇到上级的发问、责难或批评,但很少有具体的关于如何解决问题的讨论,也很少会引发其他团队成员之间的互助性讨论和分享。

无论会议焦点是什么,顾问们感受到的往往是业绩还未达标的压力,以及团队长对具体数据的三令五申。大家经常听到的是"这个职位,你这周必须给我一个人。你的上周报告数量不足。这周,你打算补几个……",即便有顾问会反映自己在操作某个职位时遇到了困难,比如找不到满足客户要求的人,但大多只能引发一些零星的建议或通用型的指导意见,难有针对性的建议和讨论。

项目问题(也就是交付职位过程中遇到的问题)没有得到解决,例会的目的也就难以实现。因为如果只是需要职位的数据信息,填好表格即可,不需要团队专门花时间开会。这类会议之所以大部分成为无效会议,究其原因还是团队长和顾问都不知道如何在既定时间内完成怎样的信息交换,以及如何完成高质量的信息交换。

团队责任汇报会议则明确规定了这类项目进展汇报会议需要完成的三件事。

1. 关注已取得成绩(团队得分板):每个人的职位项目是否按照规划在顺利进行,是否朝着业绩目标和客户管理目标在前进。

2. 快速汇报上周任务完成情况。

3. 分配新的任务,以及本周应该如何推进职位。

将上述内容以表格的形式进行记录、整理和管理,如表8.4所示。

表 8.4　团队责任例会表

团队责任例会
项目名称： 项目经理：　　　　　　　　　　日期：
上周任务完成报告
新任务分配
问题解决
其他

在管理时，团队长可以将项目名称填写成客户名称，按客户来划分项目，有几家客户就有几个项目，每个客户的职位就是具体的子项目。顾问的项目就是他的职位，一个职位就是一个项目。

由于猎头顾问的职位（项目）往往是一个人独立交付的，即便与寻访员配合，两者的合作关系也是利益趋同、比较易于合作和沟通的，合作的人选和客户都是外部的合作方，流程上也主要是彼此配合的关系。所以在常规情况下，流程的推进并不复杂，项目的完成标准主要取决于是否达成了客户方和人选方都满意的匹配。

因此，直到升任团队长后，很多顾问才发现项目管理的管事和管人并没有那么简单，利用开会来推动项目进展并没有那么容易。下面，以多个顾问合作一个 Mapping 项目为例，来说明一下团队长如何利用团队责任例会，以及配套的一对一对话计划表来进行管理。

一个以大客户模式见长的团队接到了一个老客户的 Mapping 项

目,这个项目要求在两周内给出五家竞对公司的组织结构图,须含有各部门的大体人数和部门负责人的名字。由于是自己团队熟悉的领域,团队长当天就给出了项目合同的草案,客户 HR 口头上予以确认,并表示一周内一定会书面确认。当晚,团队长就召集了三个资深顾问开会,确认了如下信息。

- 当前关于这五家公司的信息的掌握情况,就难易程度确定了摸排的具体排序。
- 三个顾问就各自擅长的职能领域,如销售、市场、售后、产品以及现有职位量的情况等进行了分工。
- 明确了五家公司各自的内部交付时间节点,并预留了信息检查和验证的时间。

由于三个顾问都是资深顾问,一起共事超过了 1 年时间,团队长就没有按该类项目所需要的按天汇报的机制去督导顾问们的进度,直到第一个内部交付时间节点到来时,团队长才发现进度已有延后。问题主要出在其中一个顾问身上,于是与该顾问按一对一对话计划表的流程进行了一次深入沟通。记录如表 8.5 所示,敏感信息已处理。

幸好该团队长不是简单地责问或催促,而是认真地进行了沟通。该顾问从同事、团队长和公司系统库中一共找到了 5 个人选,通过转介绍,几经周折,找到了突破口后,在当天晚上 10 点,画完了基本框架。而团队长在与其谈话后,又立刻与其他两位顾问进行了简短的沟通,再次重申了要求,询问了困难,也分享了可以提供的支持,并强调了项目组里大家要互通有无,及时交流,不要只关注自己负责的部分。

表 8.5　对话计划表

对话计划表（记录）	
谈话对象：×××	谈话时间：2023 年 5 月 ×× 日
我的目的是什么？	
找出进度延后的真正原因，并帮助我的顾问解决问题，推动项目的进展能按计划进行	
事实是什么？	影响是什么？
售后部门的架构图没有完成。 顾问的说法是： 本周有一个突发的紧急职位占用了自己本已规划好的时间安排。 第一家目标公司里自己的眼线较少，层级不高，的确还没有摸清楚，框架还不够完整，但已寻访出新的询问对象	计划的时间节点被延后了，并可能造成后续的节点都发生延后，以及承诺会完成的信任度降低。 顾问的说法是： 表示理解，也承认自己预计不足。 同时承诺会在后续第二家和第三家争取把进度拉回来
后续工作（顾问承诺做什么）	截止时间
尽快和新的联系人沟通，询问其他两位顾问是否有联系人可以打听到售后部门的情况。如没有，进一步扩大询问范围，直到有所突破	今天下班前
把能画的部分画好，确保基本框架正确	明天早上 10 点前

团队长的整个推进流程看起来很简单，但其实找各个顾问对话的过程并不简短，需要团队长利用前述章节提到过的沟通理念、技巧等。表格的记录很简洁，但充分体现了问题、原因、**解决方案**和时间节点，以及最关键的给予沟通双方一个可视化的承诺确认。

最后，该项目在客户要求的时间节点顺利完成了。三个顾问通过此次并肩作战，也真正地感受到了团队作战的乐趣。由于该项目顺利完成，客户 HR 受到了高层领导的表扬，后面领导又连着两年将 Mapping 类项目交给了该团队。每个参与其中的顾问都得到了技能锻炼和佣金回报，更重要的是，大家对于需要协作的这类项目不再有所顾虑，即便手上职位任务很重，大家也都表现得争先恐后。

总之，很多工具看似简单，道理也易懂，但真正愿意去落地使用、长期使用，并在使用中不断优化迭代的人还是少数。只要团队长愿意摆脱经验主义的枷锁和对书面记录工作的偏见，就能更好地实现自我成长、赋能顾问，做好项目管控和资源分配。

8.2 选育留用——团队长的用人哲学

说到管理，尤其是团队管理、团队建设，人们脑海中首先出现的就是"选育留用"这四个字。可以说这四个字涵盖了团队管理中对人的管理的全部流程。管理，看似管的是事，其实管的是人。对人的管理其实就是管理及改善人做事的意愿和能力。下面就从选、育、留、用四个环节来分别阐述团队长、管理者可以做什么，有哪些误区或值得重视的关键点，希望能激发大家的思考。

8.2.1 选人

时至今日，已经很少有人会质疑人才对组织发展的重要性了，尤其是关键人才对组织的重要性。人们都希望招募到对的人加入自己的组织，但选错人依旧不可避免，甚至可以说，对多数组织而言，选错人的概率始终较高。猎头行业里广为人知的痛点之一就是，替别人找人才的猎头团队也找不到适合自己的人才。下面就从猎头团队如何选顾问的问题出发，对选人的标准和选人的渠道分别进行阐述。

选顾问的标准

每一家猎头公司都应有独属于自己的选人标准,并且这个标准最好是建立在胜任力模型,以及优秀顾问人才画像的基础之上。但现实往往是一家公司要么过于依赖通用型的顾问标准而忽略了自身的特质,要么过于依照老板的喜好和想法,标准过于完美或不够稳定。能够由外而内,结合职业特点、行业经验和自身情况找交集,画同心圆,做人才筛选的组织并不多,如图 8.6 所示。

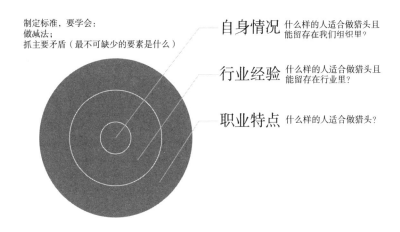

图 8.6 思考工具:三问同心圆

这就造成了顾问和组织不适配,从而导致后续的培养、使用和发展都做不好,一步错,步步错。那么,选顾问的标准要如何拟定呢?如何拟定才能尽可能地确保标准是适用于自己的组织和团队的呢?笔者从系统思维的角度和行业经验出发,总结出了金字塔形四项标准定位法,如图 8.7 所示。

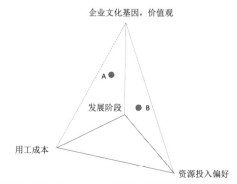

近似的发展阶段、用工成本和人才策略,叠加对企业文化基因的匹配的重视度不同,选人标准也是不同的。

图8.7 金字塔形四项标准定位法

1. 从企业发展所处的周期(阶段)看,不同阶段对人才的要求和标准是不同的。

企业从初创期到发展期、成熟期、衰退期,不同时期叠加外部经济因素、内部业务变化,对人才的要求都会有所不同。一些猎头创业者从大企业出来,带着大企业的用人标准来为自己的企业招募人才,往往会苦闷不堪。这主要是因为之前的平台可以给予他们个人光环,但仅靠个人光环,吸引力还是有限的。如果不能及早找准自己所在组织在市场中的位置,自然就会造成人才招募因标准错误而效果不佳。

2. 从企业可以负担的用工成本看,不同业务模式、人员规模、布点、客户群体的定位等必然会导致不同的用工成本。

大客户模式结合主动专注模式和主动专注模式结合客户管理模式,10人以内的猎头公司和百人规模的猎头公司,一线城市的猎头团队和四线城市的猎头团队,定位在百万元年薪级别的岗位交付和定位在50万元以内年薪级别的岗位交付,企业税务规范程度的差异,以及采用不同的缴金基数,等等,所有这些因素都会导致用工成本的不同。

3. 从企业对于资源的投入偏好看,是优选第一、优培第二,还是优培第一、优选第二?

这两者没有绝对的对错。尽管从理论上看,我们往往被告知选择大于培养,必须优选人才。但从实际出发,对于大多数企业而言,选优策略从一开始就实施的可能性不大,并且早期的优秀标准和后期的优秀标准是不同的,组织变得更强,选优标准也会更高。

很多时候,看似当初的选择不同,最终结果却相同,这是因为很多企业既没有做到选人时尽力选优,也没有做到人来后尽力培优。那么,无论顾问的初始质量如何,顾问的水平都容易趋同。

除天生不适合做猎头的人和天生就适合做猎头的人两种极端外,中间段人才的择优和培优才是大家普遍需要努力的方向。所谓选优,是管理者、团队长努力发展自己的组织,让自己组织的人才选择范围能从起步期的 60~70 分变成发展期的 70~80 分。如果有人认为选优策略就是找 90 分以上的人,那么,选优策略势必只能成为少数人在少数发展阶段中采用的策略了。

4. 从组织文化基因及价值观看,不同公司的顾问应有不同的面貌。

一家公司的顾问身上是否有明显的共性特征、行为模式,并能让人们将他们和其他公司的顾问区分开,这不仅能体现公司的组织文化,也能反映出选人阶段对于人的内在特质、品质与组织的文化基因、价值观的匹配度的重视。能够对此高度重视的组织,无论当下的规模如何、业务如何,都更有可能培养和留住适合本组织的优秀顾问。

有了选顾问的标准,那如何拿着标准进行判断呢?一般都是通过面试来做判断和筛选的。作为中高级人才的招聘服务商，面试是猎头的核心技能之一。不少团队也有面试的问题清单，但在面试自己的顾问时，很多管理者和团队长并没有形成自己组织和团队的面试清单，或面试清单里对于过往的业绩表现、工作经历较为关注，而对于人才的内在特质、选择动机不够关注。

从前述章节中提到的胜任力模型-冰山理论，我们已知水面之下内在特质才是区分优秀人才和普通人才的地方。选人阶段，在能力范围内求上得中，自然需要面试官对这一部分加强考察，以便更好地发现人才和自己组织、团队的文化、价值观的适配性情况。不然，即便一个求职者能力优秀，但与应聘的组织三观不合，从长远看，也注定会是错误的选择。

关于针对内在特质、选择动机等冰山之下的部分的提问，参考如图 8.8 所示。

动机类	价值观类	性格特质类
• 你对猎头有怎样的了解？ • 你是如何了解到关于猎头的这些信息的？ • 你选择来做猎头的理由是什么？ • 你选择来我们公司面试的理由是什么？ • 你希望这段经历给你带来什么？ • 如果不做猎头，你会想要做什么？	• 如果用三个词形容你自己，你会怎么形容？ • 你对××（组织的价值观词，如诚信）的理解是什么？ • 如果遇到……情况，你会怎么处理？（体现个人价值观，如人选的履历造假，但只有你知道） • 你对销售这一岗位怎么看？	• 你觉得内向性格的人来做猎头的话，有什么优势？ • 如果有人说你不好，你的第一反应会是？ • 如果你向他人寻求帮助，比如请人选推荐同事给你，但遭到拒绝，你通常会怎么想？ • 如果你在一家猎头公司没有通过试用期，你会怎么看待这段经历？

图 8.8 挖掘冰山之下部分的问题举例

所有问题都有近似问题、对照组问题，以及不同的问法。不管问什么问题，都需要面试的管理者、团队长在得到回答后，尽可能去追加提问，以便挖掘出更多的细节，在具体的描述细节中不断地了解应聘者的真实想法，通过不同的角度去交叉验证应聘者的说法。此外，面试也可以使用性格测试类问卷来了解应聘者的性格特点等。

找顾问的渠道

近年来，随着移动互联网的飞速发展，自媒体平台层出不穷，利用微信公众号等形式发布职位招聘信息的猎头企业越来越多。但相较于传统的招聘渠道，猎头群体对于新媒体渠道的使用，无论是使用的人数、使用渠道的多样性和使用的深度、广度，都还有很大的提升空间。无论是通过图文、视频形式发布招聘广告，还是以各种内容打造公司IP、个人IP来吸引人加入自己团队，都值得更多的猎头组织、团队和个人去尝试。以下是各主流渠道的简介及使用说明，如表8.6所示。

表8.6　新媒体招聘渠道

分类	平台	内容形式	职场方向用户偏好	内容选材
垂直类平台	脉脉	图文	行业、企业资讯，求职招聘信息，职场八卦热点	职位信息 行业、企业新闻解读 热点话题跟进 跳槽知识 招聘知识 行业洞见 企业荣誉 管理者分享 顾问成长故事 宣传客户
垂直类平台	BOSS直聘	图文		
综合类平台	知乎	图文，短视频，直播	职场知识、经验、资讯 专家观点 职场吐槽 成功人士生活展现 名人访谈 职场情景剧 励志故事 心灵鸡汤 3分钟内短视频 3~15分钟中视频 15分钟以上长视频 线上招聘会（直播形式）	
综合类平台	微信公众号	图文，短视频		
综合类平台	视频号	短视频，直播		
综合类平台	小红书	图文，短视频，直播		
综合类平台	抖音	短视频，直播		
综合类平台	B站	音频，中长视频，直播		

各平台有各自的运营逻辑，有市场部的猎头公司或有余力的团队长可以从自己熟悉的、感兴趣的平台入手进行尝试，不仅可以实现图文、视频输出，还可以选择线上直播、开线上招聘会，以及和职场领域、行业领域的 KOL（关键意见领袖）进行合作。相信操作得当的团队和个人不仅能收获更多的应聘者，还能触达更多的潜在客户，同时自己组织在营销维度的运营能力和顾问综合能力的发展上都能获益。

总之，希望管理者、有招聘权限的团队长能够全方位、动态地去制定和优化筛选顾问的标准，真正把适合自己组织和团队的顾问招募进来，做好人才管理的第一步。

8.2.2 育人

第一步选人，把合适的人招聘进来之后，就到了第二步育人，再优秀的人都有继续成长的空间。事实上，越优秀的人越希望得到培养和发展，让自己在职场上获得更大的成就。对于猎头顾问的培养，不同阶段需要有不同的培养方针，针对不同的人需要有不同的培养方案。猎头工作用行业内的话来描述，其难度是"门槛在门里面"，对一个人的综合素质具有很高的要求。并且随着近年来客户群体的多样化，各行业的更替变化，国内企业的出海战略调整等，客户对猎头顾问的交付能力都提出了更高的要求。

想要留在场上，就需要猎头公司在组织层面搭建完整的培养体系、清晰明确的培养机制，且培养机制和晋升机制等其他机制能够有机结合，联动落地。在团队层面，团队长要有能力采取不同的领导风格，根据团队成员的实际情况，做好动态管理和赋能。

关于组织层面的培养体系，笔者在微信公众号"珍妮姐说"写过《怎样的培养机制可以培养出优秀的猎头？这些年来，我的思考》一文，感兴趣的读者可以去搜索查阅。因前述章节已阐述过如何教会顾问做业务，下面就团队长如何做好因材施教，对情境领导模式中提出的四种领导风格进行简要阐述。

情境领导模式

情境领导模式是行为学家保罗·赫塞（Paul Hersey）于 20 世纪 60 年代早期创立的，后来在 1969 年，保罗·赫塞与肯尼思·布兰查德（Kenneth Blanchard）共同提出了情景领导理论。情境领导是以被领导者为中心的领导实用技能，它根据情境的不同，通过对被领导者准备度的判断，使领导者适时地调整自己的领导风格，达到实施影响的最佳效果，从而使领导者带领员工取得良好的工作绩效，提高下属的满意度，并实现团队成长。

情境领导模式将员工的状态以意愿 – 能力形成的四象限，分为四个阶段（准备度）：

第一阶段为 R1，员工没能力，没信心；

第二阶段为 R2，员工没能力，有意愿并自信；

第三阶段为 R3，员工有能力，没信心；

第四阶段为 R4，员工有能力，有意愿并自信。

管理者与员工的四个阶段相对应的管理风格是：

第一阶段为 S1，适合采用指导型风格；

第二阶段为 S2，适合采用辅导型风格；

第三阶段为 S3，适合采用支持型风格；

第四阶段为 S4，适合采用委托型风格。

情境领导模式如图 8.9 所示。

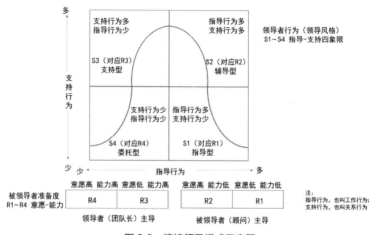

图 8.9 情境领导模式示意图

人们心里通常会预设一种最佳的领导风格，但事实上不可能找到一种万能的最好的领导风格。因为团队长和顾问都在成长变化中，外界环境也在变化中，遇到的问题、任务、情境也都是不同的。所以，领导风格只能在某种情境下最有效，而不可能在任何情境下都最有效。情境领导模式帮我们把四种不同的准备度水平与四种领导风格联系起来，以帮助管理者选择高效的行为模式。如何理解这四种行为模式以及这四种领导风格？操作起来，有哪些注意点？简述如下。

S1 指导型领导风格

由于 R1 水平的顾问对工作完全没有准备，意愿和能力都不足，所以，团队长需要明确地告诉他们做什么、什么时候做以及怎么做。这一阶段不应给予过多的支持行为与双向沟通，过多的支持行为会使这类顾问产生误解，认为团队长能够容忍或接受不佳表现，甚至会鼓励不佳表现。同时，这类顾问由于对工作不熟悉，技能不足，既未掌握窍门，又提不出创见，或以为自己很有想法，过多地让其参与决策反而会造成他们产生错误认知。比较合适的做法是进行少量的沟通，这种沟通以促进顾问对工作指令的理解为目的。这一阶段最佳的领导风格就是高工作低关系行为。简单说，就是多布置任务，少谈感情，少双向互动。

S2 辅导型领导风格

对于处于 R2 水平的顾问，即意愿足、能力不足的顾问，团队长需要进行较多的工作指导。而且处于该阶段的顾问往往自我状态很好，有积极参与决策的愿望或对工作充满信心，具有这种信念的员工，一般都比较反感直接的命令，团队长必须给他们以支持或鼓励，否则会让他们产生挫折感，认为得不到信任。这一阶段要采用高工作高关系行为的领导风格。简单说，就是任务沟通和情感沟通都要多。团队长要通过向这类顾问解释决策的原因，试图让他们感觉得到重视，从心理上完全接受。

S3 支持型领导风格

处于 R3 水平的顾问，能力足、意愿不足，往往是一些资深顾问，可能进入了职场倦怠期。他们不需要大量的有关提升能力的指导和具体指示，但需要团队长在心理和精神上予以支持和鼓励。这一阶段的领导风格是低工作行为与高关系行为。简单说，就是情感沟通、想法分享要多，但对任务的具体的指导尽量要少，对任务完成的意义、目的的阐述及激励要多。团队长需要通过鼓励这类顾问参与决策激发其意愿，帮助其找回初心，以及初期时的昂扬斗志。

S4 委托型领导风格

达到 R4 水平的顾问，能力和意愿都足。团队长基本可以放手、充分授权。在工作实践中，这样的顾问具有高水平的知识和技能，他们不需要指导或指令，不需要频繁监督，他们有信心并主动地完成工作，也不需要过多的鼓励与沟通。这种领导风格是低工作行为与低关系行为。简单说，就是要根据工作任务的完成情况多给予适合的评价、必要的点拨，少干预、多授权。

任何模型，都会简化现实世界。情境领导模型也是如此，它把影响领导行为有效性的因素简化为三个：一是被领导者的准备度，二是领导者的领导行为，三是任务要求。但事情往往没有这么简单。准确使用情境领导模型，团队长需要注意如下两个核心问题，才能在实践中不断摸索、深入理解并灵活掌握。

领导的有效性

领导的有效性取决于任务要求、被领导者的状态与领导者行为之间的相互作用，没有一种领导方式可以保证在任何场合都能奏效。每一种因素都是至关重要而且相互影响的，每一种因素都是变量而不是常量。领导者，也就是团队长不可能控制组织内的所有因素，必须找到决定性的因素。赫塞和布兰查德认为，众多因素中有一种因素起决定作用，那就是领导者与被领导者之间的关系。如果领导者不能产生影响，被领导者不打算服从领导者，那么其他因素就变得没有意义了。所以，领导的有效性主要是通过对被领导者的影响程度来实现的。这也是笔者在本书一开始就强调过的核心理念"人在事前面",前述章节中阐述的性格理论、沟通能力等都是为了让团队长做好信任建设和关系管理。

领导风格

情境领导模型提供了一种帮助领导者确定恰当领导方式的方法，但是并不能取得一劳永逸的效果。即使把领导情境简化为单一的员工准备度，员工本身也处于不断变化之中。领导者应该对员工的潜力有积极的假设，并帮助他们成长，而且应该随着员工准备度的改变而改变领导风格。换言之，哪怕团队长一开始只是带教一个顾问，或两三个顾问，对于每一个顾问所采取的领导风格也应该是不同的，因为他们的意愿-能力往往是处于不同发展阶段的。如果团队长只有一种风格，或对一个顾问自始至终都只有一种风格，那就不是在做情境领导了，也很难做好对人的管理及赋能。

笔者在刚开始管理团队的过程中就犯过领导风格单一的毛病。在笔者学习了情境领导模型后，才知道自己的管理风格比较固定，只有 S1 指导型和 S4 委托型。有的顾问成长起来之后，需要笔者从 S1 指导型过渡到 S2 辅导型时，笔者没有及时调整，好在顾问敢于直言，才令笔者有所改正。有的顾问状态不佳时，需要从 S4 委托型退回到 S3 支持型时，笔者又用力过猛，直接调整到了 S2 辅导型，甚至在一些细节问题上还有 S1 指导型的做法，直到笔者的上级觉察出问题，笔者才有所领悟。回看新手期的经历，真是羞愧难当。

后来笔者转型做了咨询培训，在自己的猎头群里和微信私信里，经常看到猎头顾问抱怨自己的直属领导。顾问们要么嫌弃领导管得太细，觉得不被信任；要么觉得领导不管自己，觉得没被支持；还有的顾问则觉得领导只会教技能、盯业绩，不关心人的心情，或觉得领导关心太多,让自己手足无措,自己只希望领导就事论事,谈工作就好。

仿佛不管什么类型的领导风格,都会令顾问不满。管得细的团队长可能会觉得很委屈,觉得顾问不理解他的苦心;放手不管的团队长可能也会觉得很郁闷,觉得没人管的自由是多么的稀有,怎么还会有顾问不领情。教技能的团队长可能不知道自己还应该教什么,注重关心人的团队长可能觉得自己在提供情绪价值。可见,灵活运用领导风格,提供适合对方需要的帮助和支持并非易事。

领导风格单一化、培养内容模式化的管理者并非少数。很多管理者没有意识到随着顾问水平的提升,自己的领导风格是需要调整的。管理者没有意识到不同性格的顾问对他人言行的理解,以及自己表达观点的开放程度也往往是不同的,更不在少数。理解情境领导模型并不难,但同很多其他的理论模型一样,想要在实践中操作得当,我们普通人真的需要用很强的个人意愿和投入足够的时间、精力,来加深对理论的理解及加强对工具的操作能力,并在这个过程中不断地提高自己的认知水平和实践能力。团队长不但要考虑到顾问水平的提升,还要考虑到顾问水平的下降。

这里再简要说明一下如何进行领导风格的切换。

对处于R1、R2准备度水平的顾问,团队长要通过两个步骤来促使他们成长和发展。第一步是随着他们技能的提高,适量减少对他们的指示或监督。然后观察顾问的具体情况,如果他们的表现达到了团队长的预期,第二步就要增加关系行为的数量。这两个步骤不能颠倒,必须确定团队长在工作行为减少后,顾问对此反应良好,才能进一步增加关系行为。不然,顾问会觉得"我还没学会走路,你怎么就突然放手了?"。在这里,团队长的关系行为可以看作一种对顾问成长的奖励。

对处于 R3、R4 准备度水平的顾问，领导行为微调的方向是不同于 R1、R2 的。对于高准备度水平的顾问，给予他们独立承担责任的信任才是奖励。如果团队长对高准备度的顾问强化关系行为，反而有可能被认为是对其不放心。所以，促进高准备度顾问成长的方法也分两步，第一步是适量减少团队长的工作行为，第二步则是根据员工表现来减少团队长的关系行为。也就是说，高绩效顾问最需要的是其向你寻求支持时，你再跟进。任何"过分"的关心都会让他们觉得不被信任、被低估，没有被充分授权去施展拳脚。

对此，笔者分享一件印象深刻的事。当时，笔者被告知需要作为团队代表给一家大客户做年度供应商汇报。后来直线经理临时告诉笔者，二线老板可能会参会，笔者会作为备选的汇报对象，但仍希望笔者积极准备。后来的实际情况是，二线老板在笔者汇报结束后才赶到，由笔者单独完成了汇报。笔者对于得到了这次锻炼的机会至今心怀感激。

总之，我们都容易陷入"我觉得""别人可以，为什么你不行？你不行就是你有问题"的思维限制和情绪陷阱中，外加没有及时学习各种管理的理论、工具、方法，就容易在误区中越走越远。其中最可怕的一种就是"只筛选，不培养"的观点。有些高绩效顾问晋升成团队长后就成了"顾问杀手"，这类团队长内心抱着"能干就干，不能干就走"的想法，觉得做不好就是下面顾问自己的问题，这其实给组织、行业带来了巨大的人才浪费。

或许他们是天赋型选手，或许他们曾经认真努力地带教过，但成果不佳带来的挫败感让他们逐渐持有"只筛选，不培养"的观点。但其实，好的种子也需要好的土壤等外界环境去支持其生根发芽、茁壮成长。

如果猎头团队长都能意识到培养顾问就是培养自己，赋能顾问就是赋能自己，那么，就会懂得期待顾问优秀是需要倒逼自己变得更优秀的。在倒逼自己成长的过程中，势必会倒逼自己的管理能力提升。这就要求团队长知道如何因人而异地进行必要的指导、辅导、支持和委托，给予不同顾问适合他们的培养内容和沟通方式。

8.2.3 留人

根据二八法则，20%的员工为企业创造80%的价值。对于20%的优秀顾问，猎头企业和团队肯定想尽可能地留住他们，为自己的组织持续地创造更大的价值。那么，如何降低他们的流失率就是第三步留人中的重中之重了。员工选择离开一家企业，其原因往往是多方面的。离职原因概括起来，可以分为五类。

1. 个人原因。家庭负担、健康状况、工作生活失衡、个人进修学习、居住地变化等。

2. 发展原因。工作目标与兴趣不符、缺少发展空间和晋升机会、缺少培训提高机会、工作缺乏挑战性、工作职责不清、工作责任过重、个人能力无法发挥等。

3. 人际关系原因。觉得不被信任、对上司不认可、与同事等有矛盾、对决策层失去信心等。

4. 薪酬原因。薪酬低于行业水平、对薪酬体系不满、对福利体系不满、认为收入分配不公（如按资历付酬、按关系付酬、不以能力付酬）等。

5. 组织原因。企业文化不适应、管理模式不适应、公司战略不明、政策缺乏一致性、内部不确定因素过多、缺乏创新和活力等。

优秀猎头顾问的离职原因和其他行业的从业者类似，往往是和个人的职业发展、与上级的关系以及收入待遇密切关联。前述章节已就团队长如何做好与顾问沟通的方式方法、情绪管理、冲突管理等方面做过阐述，这里就薪酬福利体系、晋升体系结合猎头公司、团队特点简要分享一下笔者的观点，希望能帮助团队长在自己的职权范围内，充分利用好公司的管理制度来调动人们对管理者的认同感和对组织的归属感。

薪酬福利体系

薪酬福利体系包括物质及非物质福利。猎头公司采取的薪酬机制至今都是比较近似的，主流的做法如 FMC 创始人陈勇在其微信公众号文章《猎头薪酬机制及软性贡献的测量、设置和奖励》中所提到的，有如下三种。

1. 起提线机制：按底薪的倍率设置起提线，超线部分按设定比例计取业绩提成。

2. 工资预支机制：设定顾问的总收入在业绩中的占比，扣除已支付工资后，计算业绩提成。

3. 底薪加提成制：不设起提线，不回扣底薪，按业绩设置阶梯式的提成比例。

尽管公司之间业绩提成的计提方式不尽相同，但大体都是这三种方式的变化或组合。就分配而言，三种方式本质上大致相同，区别只是管理者的视角及强调的重点不同。对猎头公司的薪酬机制及相关问题感兴趣的读者，还可以参看 ManGo Associates 的创始人陈亮在猎聘网的《大猎论道》栏目发表的文章《猎头薪酬面面观》。

总之，无论采用哪一种薪酬发放办法，笔者建议都尽量确保顾问能够理解清楚，理解清楚的定义是他能够讲述清楚。不然，顾问在行业内与人交流时，容易误以为自己组织的薪酬体系不具备竞争力，或因为觉得过于复杂而担心获利较少。

此外，在薪酬维度上主要是靠顾问的业绩来拉开人与人之间的薪酬差距的，而组织与组织之间的薪酬差距并不明显。或者说，即便有部分猎头公司的薪酬具有更为明显的竞争力，但优秀顾问的跳槽选择往往是综合考虑各方面情况的，比起跳槽去同行公司，从业较久的顾问更可能选择自己创业，或跳槽去甲方。所以，无论是在招募顾问还是在保留顾问阶段，猎头公司都应该在福利维度多花心思，多多创新。改善福利方面的措施可以包括如下选项，如表8.7所示。

表8.7 可供采用的福利、激励措施

分类	时间/周期					
	日	周	月	季	年	节日
通用	口头肯定；弹性工作制；9~18点、10~19点等自选；零食区；咖啡机；常用药品	有任何组织、团队鼓励的行为，进行必要的红包奖励、感谢信	团建活动（吃喝玩乐）；本月寿星	外训赋能	年假7~10天起步，最高可到15天；当年没用完的，可以累积；补充公积金	部分节日放半天假；春节，提前放假1~2天；节日礼品、礼品卡
有娃		居家办公日1天				儿童节放半天假；给儿童的礼物；开学日晚1小时到公司福利
高绩效	有offer确认时，可击鼓、敲锣庆祝		内部喜报；奖状；红包奖励	公司访谈；宣传文案；奖状；与老板共进"午餐"	年会分享；奖杯；额外奖金；公司旅游	

猎头顾问的工作依其属性是隶属于咨询服务业的，因而对于猎头顾问的管理不适用于流水线操作类工种中的管理办法。对于顾问，越是军事化的管理，越可能降低人的工作积极性；越是人性化的管理，越可能提高人的工作效率。团队长在自己的职权范围内应多思考如何提供人性化的管理办法和手段来赋能顾问，避免顾问在高强度的工作节奏和工作压力下，由于身心俱疲而选择离开。

笔者曾听闻一家在细分领域做到头部的猎头公司，在管理层交替时，管理风格发生了大幅度的变化，比如在顾问的工位安装摄像头等，在一系列不人性化的管理措施及其他战略决策的失误下，公司最终以停止营业收场。

还有一些猎头公司要求顾问上班打卡，迟到就要扣钱。这种操作对于生产型的企业来说是很有必要的，但对于猎头这种常年需要下班后作业且并不设有加班工资的工种，强调准点上班的意义很小，除了遭受顾问背后的吐槽和控诉，并不会带来太多积极的作用。

对于顾问的工作表现，管理者应该更多地考察其工作成果，即简历数量、报告数量、客户数量等，而非工作时长，或是否准点到岗。当然，很多管理者会觉得正因为没有成果反馈，才需要抓组织纪律，抓工作态度，但其实真正需要抓的是工作意愿。不然，其在工位上放空自己，天天准时来，又有何用？

真正难且重要的事情是提高顾问的工作意愿，让顾问保持对这份工作的热爱。这就需要管理者、团队长认真思考、不断思考顾问喜欢在怎样的工作环境中开展工作，喜欢与什么样的同事共事，希望有怎样的奖励措施、福利机制。

相信人性中的善，从努力挖掘人性中善的一面角度出发，对团队顾问进行各种激励和赋能。相信人类具有热爱劳动的天性，从人们其实是希望从事有意义的活动的角度出发,提升团队顾问的工作积极性,从而让他们通过自己的努力获得物质回报、精神奖励。

如果我们的管理者、团队长能够做到这两点,那么,我们的薪酬制度虽然只处在中位数水平,但我们的福利制度可能会很优越,很可能会帮我们留住更多本就没有把金钱放在第一顺位的优秀顾问。

晋升机制

如果只是薪酬福利机制好,最多只能让员工不抱怨。而要想留住优秀顾问,尤其是高绩效的前 20% 的顾问,还需要让他们觉得在公司里是有发展前途的,对自己职场的后续发展是有帮助的。这就涉及组织内部的晋升机制了。猎头公司也可以采取双轨制的晋升机制,让顾问有专家路线和管理路线可走,如图 8.10 所示。

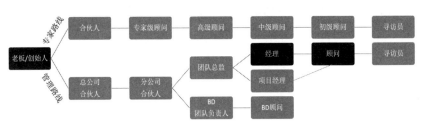

注:大多数小微猎头企业,实际只有老板-团队长-顾问,三级架构,如黑色框所示。

图 8.10　猎头公司常见的内部层级划分

组织规模越大,层级往往会越多;反之,则越少。无论采取哪种组织结构形式,为了留住高绩效顾问、团队长,越来越多的猎头公司开始实施合伙人制度。虽然名为合伙人制度,但实际上会有不小的差异。如何看待个中区别,笔者认为关键点还是看创始人与合伙人之间的权力、利益的分配关系,即管人、管钱和管事的管理权限有多大,这决定了合伙人制度名实相符的具体程度。由于本书主要针对的是团队长角色,这里不再对合伙人制度展开详细讨论。

由于团队长,尤其是一线团队长(经理类级别)往往并没有提拔下属的权限,所以对于如何让自己的团队成员觉得在自己的团队内是被培养、被重视、被重点发展的,就需要团队长做更多的努力了,包括给予下属更多的和内部同事、外部客户协作的机会,不错过任何赋能培养优秀下属的机会,以及给予他们表现和容错的空间。

此外,团队长需要尽量有"功劳是团队的,是表现突出的顾问的,而过错是自己的"这样的觉悟。这种觉悟自然是反人性的,需要团队长时间持续地进行刻意修炼。但若没有这样的觉悟,即便其有幸升级到二线团队长或一直能稳坐团队长之位,也无法带出卓越的团队,成为卓越的领导者。

对于有权限对下属进行提拔的二线团队长(总监类级别),其需要克服以下四大人性弱点和行业通病,才能确保把机会给到对的人,从而留住对的人,使得团队进一步发展壮大。

1. 只看业绩,不看其他。
2. 只看当下,不看未来。
3. 只论能力,不论人品。
4. 只论忠心,不论能力。

当然,仅凭个人的意志、认知和自我约束力做选拔肯定是会存在巨大风险的。所以,晋升机制一定要体现出自己组织的文化基因和价值观,如兼顾德与才、实力与潜能,尤其需要对顾问进行个人业绩以外的表现的考察和评估。比如,在晋升机制里,将为组织成功培养出下一层级的顾问作为晋升考核的要求之一,将为团队进行内部分享也作为要求之一，业绩表现的权重占比不超过 70%。

唯业绩论的晋升机制势必造成组织在选育留用上出现各种问题，无法让组织有序发展，业务也无法实现可持续扩张。因为任何组织需要的都是团队的力量，而非个人英雄主义，个人英雄可以给其他顾问以业绩的榜样力量，但很难直接带动其他顾问的能力提升和业绩长久地增长。

团队长需要从个人英雄转型为团队英雄。如果一个顾问没有这样的觉悟和过往的表现，却被提拔为团队长，恐怕后患无穷。这在行业内外都已有过太多惨痛的历史经验和教训了。

8.2.4 用人

培养人、留住人的目的是把优秀的人用好，让优秀的人发挥更大的作用。但这并非意味着用人是在培养人、留住人之后才会发生的。恰恰相反，用人是培养人和留住人的过程中就会发生的。

如何把人用好？大家可能都听过木桶理论，其说的是，无论一个木桶有多高，它盛水的容量都取决于其中最低的那块木板。因此，该理论也称为短板原则。后来又出现了新木桶理论，说的是，只要把木桶倾斜，不断延长长板，那么木桶盛水的容量就不在于短板多短，而在于长板多长。中国老话说的是"扬长避短"，美国的"优势心理学之父"唐纳德·克里夫顿提出的盖洛普优势理论也是让人们关注自身的天赋、优势，并不断去发扬光大，这些说的是一样的道理。

盖洛普优势理论

唐纳德·克里夫顿问了一个问题："如果我们关注人们好的地方

会怎样呢？"基于这个思路，克里夫顿带领盖洛普科学家团队，用25年时间，对来自不同公司、行业、国家的8万名优秀职业经理人进行海量调研。研究结果就是，人应多发挥现有优势，做到这一点就很不容易了，后来发展成了盖洛普优势测试。这类测试同其他的性格理论测试一样，都可以帮助组织的管理者、团队长更好地做选育留用工作。这里简要介绍一下该理论，希望帮助团队长在用人时，能够先有一个基础的认知，以便在实际工作中发现和利用不同顾问的优势领域。

盖洛普优势测试把人的思维方式、感受形式、行为模式总结概括成了四大领域，以及34个才干主题，通过100多道选择题进行测试。它并不是能力测试，而是测试一个人自然而然、反复出现的思维方式、感受形式和行为模式。四大领域分别是执行力、影响力、关系建立及战略思维，如表8.8所示。

表8.8 盖洛普优势理论的四大领域

领域	注意力	外在形象	常用语
执行力	结果	具体，务实	下一步怎么做？如何保证事情完成？
影响力	说服	激情，热烈	讲个故事吧。快来加入我们吧
关系建立	共识	舒适，温润	你说得挺对的。我可以支持你
战略思维	思考	严谨，深奥	我的看法不同。我的思路是这样的

执行力领域突出的人，通常具备很强的把事情完成、落地的能力，往往更重视实际的结果，而不喜欢虚无缥缈的想法或理论，他们都是"实干小能手"。可以说，优秀的猎头顾问都是执行力强，重点关注把事情做成的人。

影响力领域突出的人，通常在人群里影响力或存在感很强，总能通过自己的口才、行为、气场影响别人，并通过影响别人达成目标，他们都是"人群中的C位"。可以说，优秀的猎头顾问，即便有性格内向、外向的不同，但都是善于输出自己观点的人。

关系建立领域突出的人，通常比较友善，比较好说话。他们对关系和情绪比较敏锐，善于支持他人，能够很好地维持团队氛围，从而更好地达成目标，他们都是"氛围担当"。可以说，猎头团队是非常需要这样特质的成员的，因为猎头工作的竞争性较强，经常面临矛盾冲突，"好斗"的人比好说话的人要多，需要这类特质的顾问来做黏合剂。

战略思维领域突出的人，通常善于思考，喜欢全面而深入地了解一件事，可能会对这件事追本溯源，考虑未来形态，联想到相关的各种概念和视角，他们都是"最强大脑"。可以说，技术类岗位、研究型工作最需要这类特质的顾问了。

当然，每个人通常都有不止一个比较突出的领域，甚至个别的人四大领域的表现比较均衡。即便一个人突出的领域很集中，甚至只有一个突出领域，也不要灰心丧气。盖洛普优势理论所强调的是，努力把自己的优势领域发挥到极致，即一个人的行为表现取决于他的领域组合、才干组合，而不能简单地一概而论。

团队长在用人时需要从"这个方面，最强的是谁？"的角度出发来思考问题，分配任务，协调关系。但必须指出的是，团队长想要把人留住、用好，离不开前面的培养人环节，而在培养人的环节中，团队长是不能只关注特长的，还需要关心短板，尤其是业务技能方面的短板。打个比方，在通用技能的维度上，木桶可以倾斜放置，但在专业技能的维度上，木桶只能垂直放置。如果任由顾问的某个业务类的专业技能始终处于短板的位置，那么其将无法变成卓越顾问，尤其是在角色设定为360度全能型顾问的组织中。

我们不可能让所有的才能都通过努力锻炼到60分以上，甚至是90分以上，我们需要集中注意力将自己本就达到90分的才能变得更优秀。因此，盖洛普优势理论让我们关注自身的特长、天赋是没错的，但这并不意味着我们可以完全不顾那些低于60分，却对于我们的职业来说是非常重要的能力的部分。

四类员工的使用

什么样的人才能被管理者用好呢？那些值得被培养、被留下的人。所以，在谈及用人时，需要知道哪些人不可用、不可长用。在育人章节中，情境领导模型里的四种领导风格，对应了意愿-能力四象限，这不仅可以看作一个员工从不成熟到成熟的四个发展阶段，也可以看作四种员工类型：白兔型、野狗型、黄牛型、明星型。

对于猎头组织和团队来说，管理者和团队长需要尽力用好明星型和黄牛型顾问，对于野狗型顾问和白兔型顾问要及早清理出队伍。

白兔型顾问（高意愿+低能力）

将个人能力弱、业绩不好，但对组织的目标和价值观认同度看似高、工作态度看似好的员工，定义为白兔型顾问。白兔型员工最不容易被管理者鉴别出来，很容易与黄牛型员工混淆。但其实，只要多看行为，多看结果就能区分了。黄牛型员工是可以做到70分、80分的员工，而白兔型员工则往往是在70分以下。如果白兔型顾问不能往黄牛型顾问成长的话，这部分人是不可能创造出组织期待的价值的。

野狗型顾问（低意愿+高能力）

将个人能力较强、业绩较好，但对组织的价值观认同度较低的员工，定义为野狗型顾问。野狗型员工容易被管理者包容，而这是很危险的。很多猎头公司只看业绩，不看其他，这就会给野狗型顾问破坏组织的规则带来便利。如果野狗型顾问不能往明星型顾问转变，其对组织、团队的危害是最大的，不仅不能创造价值，还会带来负面的影响。

黄牛型顾问（中意愿 + 中能力）

这是大多数团队中最普遍存在的人员。黄牛型员工的最大特点是"随风倒"。当一个团队中明星型员工成为主导势力时，明星型就会成为其成长方向；反之，当一个团队中的野狗型员工成风时，他们就会将野狗型作为自己的工作榜样。所以，组织的文化塑造和价值观趋同将决定中坚力量何去何从，中坚力量何去何从又将决定组织往哪个方向发展。

明星型顾问（高意愿 + 高能力）

将个人能力强、业绩好，对组织的目标和价值观认同度高的员工，定义为明星型顾问。对于明星员工，不仅要对他们在工作上倾斜资源、提供支持，在物质上赏罚分明，在精神上及时予以表彰、提拔，更要将他们树立为典型，鼓励在明处。虽然这部分员工的占比通常不高，但却是团队长最需要花心思去好好培养和好好使用的群体。

行为才是真正的态度表现，不要看一个人说了什么，也不要只看在办公室待的时间，多追问动作细节，多做工作复盘，才能知道员工到底是"白兔"还是"黄牛"。很多猎企管理者、团队长在用人过程中或多或少都犯过在白兔型顾问身上投入过多成本，浪费了自己的时间和精力，甚至导致明星型顾问离开的错误。笔者经常听到的对于白兔型顾问的描述是"挺努力的，加班也挺多的。说他什么，也不会来反驳你。就是不知道为什么做不好"。因为态度看似端正而被管理者误以为是有希望培养的例子太多了。

至于业绩表现好但道德水平不高的顾问，一旦发现其有触犯组织红线、行业操守的行为，应零容忍，不然就可能会给自己带来更大的损失。笔者不止一次听闻客户发现顾问挖猎自己的员工，告状到公司管理者那里，管理者再将顾问辞退的操作。如果不重罚业绩好却不道德的顾问，那么，公司的管理制度将名存实亡，这样的组织也不可能基业长青，更不可能成为伟大的公司。

至于用人中涉及的，如何根据顾问性格特征和擅长的团队角色来做好沟通、分配任务、因材施教，如何提高顾问的业务能力，在前面章节均已有阐述。

总之，用人看似是独立的最后一个环节，实则是第一个环节筛选的前提条件。如果我们不知道要什么样的人，往往是没有以终为始地思考清楚自己的组织和团队在当下及未来需要怎样的顾问。这自然会造成我们很难做到把不同性格、经历、背景和能力的顾问培养好、使用好，也难以让他们发挥自身优势，做出成绩。

· 本章小结 ·

想要超出客户的预期，团队需要有很强的业务交付能力。顾问业务交付能力的培养和提高离不开团队长的带教，其中包括良好的工作复盘习惯，从每天到每年，从计划到落地执行，从明确目标、目的及里程碑到发现问题的原因和想出解决问题的办法。

团队长想要兼顾好个人业务交付和团队业务交付就需要做好时间管理和项目管理，掌握一定的理论、工具、方法，比如紧急–重要四象限法和番茄工作法、GTD 工作法，以及团队责任会议、甘特图、一页纸项目管理法,等等。

想要拥有一支强交付能力的团队还需要做好选育留用四个环节,在各个环节中以正确的理念、合适的方法来开展工作,尽力选对人、育好人、留对人、用好人。选人时,明确自己组织和团队的选人标准,尝试新媒体渠道;育人时,结合性格特征、团队角色、顾问特质及发展阶段,灵活运用情境领导模型中的领导风格来因材施教;留人时,充分理解和利用组织的薪酬福利机制、晋升机制等,发挥团队管理的主人翁精神,亦要有自己的创新操作;在用人时,理解用人所长才能事半功倍的道理,结合盖洛普优势理论等工具,将合适的人放到合适的岗位和任务中去,同时,将不适合组织发展的"野狗型"和"白兔型"员工及时清理出队伍。

总之,本章中涉及的理论、工具、方法,读者可以结合自身经历、经验去实践,在知行合一的修行中,早日实现组织愿景、团队目标,打造有强交付能力的团队。

本章要点梳理如图 8.11 所示。

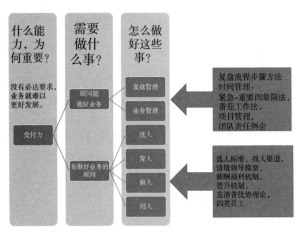

图 8.11　本章要点梳理

第五篇

愿景

——用愿景倒逼行动

在格蕾丝决定跳槽去甲方做 HR 后，凯瑟琳、格蕾丝和南希三人进行了最后一次"每月一会"。此时，距离她们第一次会面已过去了 10 个多月了。在这 10 个多月里，她们严肃讨论过，争吵过，顿悟过……留下了很多珍贵的回忆。这样一种难得一见的职场友谊令她们都非常珍惜，以至于这场"最后的晚餐"显得格外煽情。三人的谈话里，既有对于过去的遗憾，也有对于未来的憧憬。

格蕾丝的决定让南希和凯瑟琳有点意外，因为前不久她们还听格蕾丝说已经拿到了一家大猎头公司的 offer，而且是多方比较下来，令她最满意的一个。

"怎么突然要去甲方了？"南希一上来就把心中的疑惑问了出来。

格蕾丝笑着说："我自己也挺意外的。本来我干了那么多年猎头，也没想过再去甲方的。谁知道有个认识很久的候选人跳槽去了一家创业型公司，他们公司正在搭建高管团队，他推荐我去做供应商，而这家公司正好缺个 HR 负责人，老板就相中了我。我一开始的念头也是拒绝，创业公司风险高，我都一把年纪了。但和老板以及其他两个合伙人深入沟通后，也侧面打听了他们的业务情况，种种原因吧，我想试一试。这可能比我再去一家猎头公司要更有挑战性，也更能有收获。至于你们一直提的让我自己开一家猎头公司，说实话，现在的我还没有想清楚一个问题，为什么行业内要多一家我开的公司？其实我一直想的是，要做就做点不一样的，真正对行业来说是有革新的、有意义的事。现在要去的那家公司是做 AI 技术的，我觉得这可能会是对的方向。"

听到这些话，凯瑟琳鼓起了掌，南希上前一步，直接给了格蕾丝一个大大的拥抱。格蕾丝顿了顿，接着说道："其实真的要谢谢你们。这些日子以来和你们讨论，这个过程给了我很多的勇气。我也知道自己一路过来总是选稳妥的选项，说好听点是让自己立于不败之地，说难听点就是怕输。结果就是在外界看来我这个老兵发展得比年轻人还慢。像你们，早早跳出了公司，又个个都创业了。而我，其实一直没有找到自己到底要做什么的答案。现在，我觉得起码我有勇气去尝试了。"

凯瑟琳回道："你哪里慢了？你这叫稳扎稳打。别人我不敢说，我就说我自己。你看我算是个挺敢折腾也似乎折腾得还行的人，但其实就是走一步算一步。之前做SOHO也是带有逃避的心态的。后来和你们聊了，我决心去搭建团队，现在又和猎××平台合作，成了他们平台的合伙人、项目经理，似乎发展得不错。但其实，哪有那么好。比如，你们总以为我的团队招人挺快的，人貌似也挺稳定的，其实不是的，已经不知道走了几波了，还有带走资料的，抢客户的……反正这么说吧，我只敢说这一路走来，我没后悔过。继续坚持吧，希望3年后，江湖上也能有我的名号。"

南希拍了拍凯瑟琳的手背，道："虽说这可能是我们三个最后一次以这种形式聚会，但又不是今后不见面了，你们今天怎么都那么煽情。我听下来，一个想要曲线救国，期待格蕾丝你"杀"回来；一个想要继续闯关，期待凯瑟琳你的队伍壮大，这都是很好的事。我也有好消息要和你们分享。之前我一直想自己干，再难也自己干，但这两年下来，环境变化，业内格局变化，和你们聊了那么多次后，和外面的接触也多了起来，我的想法也变了。我现在给自己找了个

"大腿"——一家有望上市的集团公司，运营层面还是我自己说了算，公司的控制权还在我自己手里，但集团会给我资源支持，营收会被纳入集团统计。其实，我看中的倒不是上市，而是我想要借此机会，结识更多优秀的人，多学习学习。更大的目标就是看看除了猎头业务，我还能做些什么。"

此时，一束阳光照了进来，打在了三人身上，每个人都沐浴在阳光之中，如金子般闪闪发光。从第一次见面的吐槽大会到这次分享的"下一站在哪儿"，几个人看起来没变，但其实都变了，变得更自信、更坚定，更知道路就在自己的脚下。在聚会结束时，最初的发起人凯瑟琳表态她已决定把"每月一会"的模式进行推广，希望让更多的同行加入进来，让更多人收获成长和友谊，互惠互利，合作共赢。

10个多月的时间不长，却足以让人们往下一站赶去。虽然，此时三人选择了不同的路径，但相同的是，他们其实都选择了留在场上。国内猎头行业的未来和很多亟待发展和转型升级的行业一样，伴随着美好期待的同时也充满了挑战，选择坚守的人们会继续告诉那些刚来或探头来张望的人们"剩者为王"的道理。

这是本书的最后一个故事片段了，和引言故事相联系，希望我们明白几个道理。

- 自我激励，组织赋能离不开愿景塑造。
- 先想明白何谓正确的事，再想明白何谓正确地做事。

- 人不知道自己为何而战,没有愿景,就会陷入负向思维、问题思维。
- 如果不能跑得快,也可以选择走得远。

成功离不开愿景想象和规划,以及外部助力和支持。做人层面和做事层面对于成事缺一不可,而要人事合一则需要愿景想象和规划,无论是单个人还是组织中的个体都需要有自己的梦想,有能够激励自己勇往直前的长期目标。

本篇将从两个方面展开叙述,一是分享如何用正念来做好内在愿景的想象与坚守;二是用实例来说明如何进行外在愿景的规划与执行。愿景的想象和规划能力对于组织、团队和个人都是极其重要的,却一直不被重视。

希望管理者、团队长能拥有出色的愿景力,以愿景力驱动自己和团队一起发挥才干,创造出美好的未来。

【注】在篇首的故事中,行业中的"凯瑟琳、南希、格蕾丝"都有怎样的愿景呢?

扫码查看文章,可用微信自带的听读功能。

CHAPTER 9

第九章
愿景力——内在修炼与外显实践

9.1 内在正念

在第四章内容中,读者已经了解到了封面故事,它是一种共塑团队愿景的方法。团队愿景如同企业文化一样,其内核是以创始人的信仰、价值观及愿景为基石的,创始人、创始团队是企业文化、组织愿景的原初土壤和环境。愿景力就是创始人、创始团队、高管团队塑造组织共同愿景的能力。具体来说,就是让愿景从规划到落地的能力。

这种能力的强弱决定了一个组织是否能够从优秀走向卓越,是否能够基业长青,是否能够成为伟大的组织。放眼望去,全球范围内,历史上伟大的组织或曾经辉煌过的组织,都具有鲜明的组织文化、令人振奋的愿景、符合社会福祉的使命,以及人类共同美好的价值观,并且伴随着这些组织的成长,人们得以了解其使命,见证其将愿景落地的过程,如图 9.1 所示。

【华为】
愿景：丰富人们的沟通和生活

【小米】
愿景：和用户交朋友，做用户心中最酷的公司

【新希望】
愿景：智慧城乡的耕耘者，美好生活的创造者

【银联】
愿景：联接创造价值

【三一集团】
愿景：创建一流企业，造就一流人才，做出一流贡献

【复星国际】
愿景：植根中国，服务全球十亿家庭客户幸福生活

【商汤科技】
愿景：以人工智能实现物理世界和数字世界的连接，促进社会生产力可持续发展，并为人们带来更好的虚实结合生活体验

> 或具象或抽象，或长或短。每一家企业都应有自己的愿景，以及自己想要奔赴的未来方向。

图9.1　企业愿景举例

所以，愿景力是极为重要又常被忽视的能力。想要拥有、维持和提升自己的愿景畅想、构建、规划和落地能力，除了外在的各种理论、工具、方法的学习和运用外，更需要对内心进行修炼。愿景力的内在修炼需要人对自我意识进行有效控制，积极调整。因此，简要介绍一下正念及其修炼方法。

正念的修炼

正念最初源于佛教禅修，是从坐禅、冥想、参悟等发展而来的。它是指有目的、有意识地关注、觉察当下的一切，而对当下的一切又都不作任何判断、分析或反应，只是单纯地觉察它、注意它。后来，正念被发展成了一种系统的心理疗法，即正念疗法。

很多商业领袖也喜欢采用冥想、坐禅等正念修炼的方法，如苹果的创始人乔布斯、微软的创始人比尔·盖茨、桥水联合基金创始人瑞·达里欧等。

正念修炼让人学会聚焦当下，放下压力，放空头脑，从而拥有更好的思维、创意、灵感，进而选择、坚守正确的个人和组织行进的道路。这是一件极其困难的事情，需要对自己的潜意识进行必要的了解和干预。这种了解和干预很难，所以才需要有诸如正念修炼这样的方法。

介绍几种常见的正念修炼方法。

冥想法。首先需要选择一个可以注意的对象，可以是一个声音、单词、短语，或者自己的呼吸、身体感觉、运动感觉；其次舒服地坐着，闭上眼睛，进行一个简单的腹部呼吸放松练习（不超过一分钟）；最后，调整呼吸，将注意集中于所选择的注意对象上。

当人在训练的过程中，头脑中出现了其他的杂念也无妨，只需要随时回到原来的注意对象上就可以。训练 10~15 分钟之后，静静地休息 1~2 分钟，然后再从事其他正常的工作活动。

三个问题法。用"什么我控制不了？我想要控制什么？有什么是我可以控制的？"三个问题依次向自己发问，可以有效控制压力给人带来的各种负面情绪。

PLE 三角平衡法。PLE 即 Performance（表现）、Learning（学习）、Enjoyment（享受）。这是一个神奇的内心游戏，通过对行为的表现及过程中的收获和感受三个维度进行自我反馈，可以让人不因偏向于某一个维度（如觉得表现不佳）而陷入不必要的负面情绪和压力中。

三个问题法结合起来使用可以让人更全面、均衡地发现自己得到了什么，失去了什么，可以控制什么，不可以控制什么。从而如冥想法一样，让人在放下该放下的后，再拿起需要拿起的，让人能够全身心地投入重要事情的构建和行动中。

总之，想要拥有让愿景落地的百折不挠的精神，以及能够做出正确的战略决策，想要让团队和自己一起围绕着愿景、目标而不断进取、突破，正念修炼是领导者、管理者们可以尝试的一种方法。

9.2 外显实践

愿景力的内在生命力可以通过正念修炼的方法不断加强，但这仅限于规划愿景的能力，即在脑中畅想、构建，对人进行传播和鼓舞，以及在受到现实的挫折和阻挠时，能够及时地看清真相、突破思维的局限，并进行自我信心的修复和保持情绪稳定。但想要愿景被实现，被世人看见，则需要领导者、管理者们有能力将愿景的规划一一拆分，领导和管理团队逐步将其落地。

这需要领导者、管理者自己和团队具有强大的执行力，以及确保执行力所需要的各种能力。这些能力如本书前述各章所言，在此仅以猎头行业的代表型企业如何实践自身愿景做举例说明。

实践的故事

笔者转型做行业培训以来，发现凡是在创新、技能、人力、营销及资源五大维度有 1~2 个维度做得不错的猎企，就已经能够在国内的猎头市场上处于领先地位，仅靠猎头业务就能闯过亿元营收大关。这在《中国猎头 30 年》一书中有专门的论述。当然，想要迎接未来的挑战，进一步实现组织的愿景，需要每一家有雄心的猎头企业能够在各大维度上不断提高、有序发展，在维度形成的合力上，保持动态平衡。

组织发展的五大维度如图 9.2 所示。

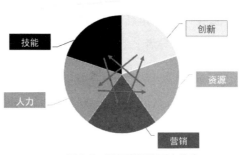

图9.2 组织发展的五大维度

"致力于成为链接企业与高端人才商业智慧的集团公司"是CGL（德筑集团）的愿景。这家知名公司自2018年成立以来，就备受业内瞩目。笔者从其成立开始便一直密切关注，与其有过密切的接触与合作。在笔者看来，组织发展有五大核心维度。在此，笔者通过CGL在五大核心维度上的具体表现，简要解析一下为何该公司仅用四年就突破了营收五亿元的业绩，也创造了国内猎头行业自1993年成立以来的最高纪录。

创新维度

CGL的创新并不是指他们在猎头业务外开辟了咨询业务，而是他们的咨询业务是从有合作的投资机构所投的企业切入进去，意图为客户提供从战略规划、组织运营到人才招募、人才发展的一站式服务，这样做的好处是不仅可以获取大量高端职位的订单，还可以增加客户的黏性，类似于投资机构的投后服务。他们的创始人庄华认为，CGL是采用了自组织模式的新型组织。

无论是组织模式创新，还是组织的业务方式创新，或者是数字化创新，只有创新才能让自己的组织在新时代更敏捷地适应变化，持续发展。

技能（顾问业务能力）维度

无论是综合型的猎企还是专注型的猎企，只要人员规模达到了 50 人以上，顾问的均产水平能保持在 50 万元以上的企业，顾问从业年限超过三年的人员若占比过半，其顾问的专业化程度往往会更高一些。

而如果均产水平能够达到 80~100 万元的企业，其顾问的专业技能水平、知识结构和服务意识是接近世界五大顶级猎头公司的顶级猎头水平的。之所以没有涌现出足够多的百万顾问、千万团队长，很重要的一个原因是绝大多数猎企还是缺乏大单（高年薪岗位）机会，以及无法将顾问的人力资源和客户的岗位资源高效、持续地匹配起来，无法利用组织内部的沟通系统进行有效的分工与协作。这一点在 CGL 成立并涌现出更多年轻的高业绩顾问后，才被更多人所意识到。

很多组织内部的资源分配不合理、协作不顺畅，是因为组织内部相关配套机制缺失或失灵，这是比顾问专业化水平欠缺更为隐性的原因。CGL 的愿景从字面理解，讲的是客户是谁，为客户提供什么服务。从表面看，外界看到的是其业绩营收情况对愿景落地的展现；但从内里看，能完成这样的业绩营收，则是采取自组织模式后，内部各个团队以自主自发的主人翁意识和以整体业务为先的大局观，对公司层级下的各种资源进行自主协调、分配，团队之间合作协同，在实践中交出的阶段性答卷。

未来，以"高精特新"型企业为代表的大量一流企业在国际竞争、海外布局中，对于高端人才的需求将与日俱增。这种增长趋势势必会让本来由世界五大顶级猎企交付的岗位更多地溢向整个行业。谁能接住这些溢出的需求，就要看谁能更进一步提高自己团队中顾问的专业化水平,以及发挥出有专业化水平的顾问及团队的实力,让他们能够协同作战,而非各自为战。

营销维度

CGL 的营销从成立开始就如高手出世,在行业内部,用高产顾问打造高均产、大单的顾问群体形象;在行业外,为了吸引潜在客户和人才,则鼓励所有合伙人去参与各行各业的论坛和活动,在线上和线下均积极做分享嘉宾。对组织要吸引的未来合伙人,则为每一位加入的合伙人,即各行业的精英、高级职业经理人撰写公号文章等。

越来越多的猎企开始重视品牌打造、文化建设和对外宣传。这体现在越来越多的猎企开始运营公众号、视频号,开直播,参加行业内外的各种活动。竞争已经从单纯面向客户的营销到面向行业和人才的营销了。但如果一家猎企没有让组织成员共同认可的愿景、使命和价值观,那么,组织成员在努力的过程中往往会偏离正确的航向,让手段成了目的。

资源维度

这里的资源主要是指资本和数据。从资本的角度看,CGL 在创立初期就获得了猎聘 2500 万元的投资资金和价值 2500 万元的猎聘股票。通过纯粹的猎头业务拿到较大投资的猎企是极少的,大多数猎企都是靠老板的自有资金在运作。从数据的角度看,CGL 是业内普遍公认的强者,它与猎聘、领英和脉脉均有战略合作,顾问们可以更高效、便捷地获取简历资源。此外,在人工智能 ChatGPT 进入大众眼帘的 2023 年,CGL 的顾问便在自家系统中看到了 AI 工具的植入。

AI技术对于猎头行业的改造已经到来,并将日益渗透。谁能真正全方位地利用好最新技术,谁就有可能突破行业多年来的发展瓶颈,以创新的方式迎接新时代的到来。

人力维度

人员规模大未必成本就低,人力效率高也未必成本就低。CGL的人力成本是偏高的,这也是其在创立初期的几年内能够迅速发展的一个很重要的原因。很多猎企在面对经济下行的挑战时,只是一味地节流。虽然节流往往是势在必行的,但如果操作不当,也没有增大开源的力度,就会导致在优化顾问的过程中失去有战斗力的顾问,甚至还会失去培育有战斗力的顾问的宝贵时机。

事实上,一个组织很难在五个维度上都得到全面发展,因为五个维度有其相生和相克的内在关系。但只要一个组织知道自己的愿景是什么,朝着愿景落地的方向去努力,抓住自己的优势维度,尽力平衡好各维度之间的动态关系,让它们在此消彼长中达到系统性的平衡,那么,该组织就有可能早日实现自己的中短期目标,被业内关注,被外界知晓。

当然,CGL以及各家猎头企业的未来会如何,仍须拭目以待。笔者坚信凡是心怀梦想、有共同愿景的团队都必将开创出新的时代。相信国内的猎头企业必将走出国门,走向世界。

◆ **本章小结** ◆

愿景在每一个人心中,每一个组织都有自己的愿景和想要看到的成功画面。如何规划愿景,方法之外,更重要的是内在的渴望和初心的坚守。如何实现愿景,能力之外,更需要时间的力量、相信的力量。祝愿每一个组织、团队，无论规模大小、成立时间长短，都能够朝着自己的愿景不断奔跑，让自己、团队和组织的存在给行业和社会带来更多价值和意义。

本章要点梳理如图9.3所示。

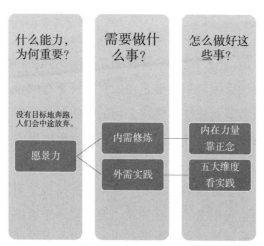

图9.3 本章要点梳理

结语
CONCLUSION

系统之美：
管理智慧的终极篇章

本书中的故事所折射出的问题看似都是团队管理中的问题，但其实局部问题只是系统问题的一部分。企业作为组织的一种形式，无论是开放的平台型组织还是封闭的传统型组织，都是自成一体的一个系统。

对管理之道的理解就在于能够理解系统，系统能够正常运行就会体现系统之美；反之，则会展现系统之恶。一个系统犹如一台机器，要想运行良好就需要各个零件、部件正常运转，即各维度的各要素都能各司其职、相互配合。机器之所以会出现故障，系统运行之所以会出现问题，都是因为各维度、各要素出现了各种问题。只有厘清这些问题是如何产生的，又是如何相互作用的，才可能从根本上理解问题，减少问题的发生和降低问题带来的影响，直至最终解决问题。

笔者在猎头行业从业将近20年，做猎头培训近7年，持续走访猎企、对话猎企经营者及猎头同仁，以及运营O2O猎头社群百猎帮蛟龙猎头社，一路走来写下《百万猎头从入门到精通》《中国猎头30年》等作品。近年来，笔者坚持不懈地对中国哲学进行学习，并在中国传统的五行思想中得到了宝贵的启发，于是提出了五维动力系统模型。

这个模型既可以帮助读者理解组织的系统运行规律及其问题产生原因，也可以帮助读者厘清本书提出的五大板块为何是自我提升的核心维度。

一、从五维动力系统模型看企业的组织系统

先简要解读一下五维动力系统模型下，组织的系统运行规律及其问题产生原因。从猎头、人力资源乃至整个咨询服务类的组织构成看，其主要角色及分工为业务员（顾问）、经理、核心管理层、老板以及支持部门（人事、行政、财务、法务、IT）。在角色和分工之下，以猎头企业为例，组织想要正常运作，至少需要信息流、资源流以及价值流健康流动。在三个流的各个维度里，各角色及其分工都有各自的功能，如下一页表格所示。

以上各功能正常运作才能保障组织的健康发展；反之，组织必然会处于亚健康或不健康的发展状态。

组织发展过程中所需要的信息，包括整体的政治环境、经济大势、行业趋势、客户公司及竞对公司的发展动态等。信息流就是对信息流动和传递的管理与使用。

从信息流角度看，顾问提供的业务信息出现了偏差，团队长基于有偏差的业务信息就会做出有偏差的业务管理指示，层层传递就会导致重大失误。例如，顾问对自己的业务信息的解读为缺少足够多的订单，在自己成单比例暂时无法提高的情况下，需要增加订单量，团队长觉得有道理就去拓展了更多的新客户，但发现交付的结果仍然没有得到改善。这其实是很常见的现象。

在这一个环节中，顾问给出的信息未必是虚假的，所分析的原因也不一定是为了逃避自己的责任。但因为这并非造成结果的唯一

结语 系统之美：管理智慧的终极篇章

五维动力系统下各角色在三个流中分别对应的关注点

角色	要素A 业务顾问	要素B 业务经理	要素C 管理层	要素D 创始人/老板	要素E 支持部门
信息流	管理业务信息；频率：日/周	管理业务信息；频率：月/季度	管理综合信息；频率：季度/年度，1~3年期	管理综合信息；频率：半年/年度，3~10年期	管理留存下来及当下流程中的综合信息；频率：日/周，项目周期
资源流	职位管理所需资源；客户、职位、人选、上级、系统	业务管理及所需资源及对其进行的分配与管理；顾问、客户、职位、人选、上级、系统	业务管理及运营管理所需的资源，以及对其进行的分配与管理；老板、下级、客户、平级、支持部门	业务管理、运营管理及组织发展所需资源，以及对其进行的分配与管理；客户、下级、投资人、合作方	从内外部所获取信息，对保障组织运行所需的人力、物力、财力等资源进行的分配与管理
价值流	短期交易金额增长；平均客单价×成功的单子数量	中短期的交易金额增长；平均客单价×成功的单子数量	中短期利润金额增长及可持续的现金流；营收-成本	中长期利润金额增长及可持续的现金流；营收-成本	持续成本优化，包括流程优化、技术升级；今年成本≤去年成本或增长比例低于行业平均水平

注：本书内容主要针对B、C、D三类角色，对于95%以上的中小型企业，往往只有B、D两类角色。

原因或最主要原因，所以导致了团队长针对一个信息变量做出的优化并没有带来预期的结果。而后续每一个向上汇报的环节都会存在类似的问题。反过来，向下指示也是如此。

管理者掌握的信息往往比一线员工要多，所以他们对信息流的负责范围要更广，关注的时间周期也更长。如果管理者对宏观大势及行业趋势的判断出现了重大错误，比如跟风要求团队切入某个热门的行业赛道，即便内部的信息流运行是通畅的，也注定会竹篮打水一场空，甚至会造成组织的重大损失。

资源是指组织发展过程中所需要的各种生产资料，包括人力资源、物力资源、财力资源、信息资源等。资源流是指通过各种客观机制和人的主观能动性，将资源合理整合并实现其价值。因此，资源的使用主体是人，人本身作为一种资源也会发挥其自身的价值。

从资源流角度看，即便各角色各司其职，也可能造成组织的资源流不顺畅。因为各角色所需操作的资源不同，聚焦的任务不同，在上传下达的过程中资源和信息一样会有损耗，无法被充分利用。例如，猎头公司所使用的IT系统，在老板、管理层以及IT部门看来是人才资源数据库，是辅助顾问工作的工具型资源，因此，系统会对顾问的数据录入有一定要求，但顾问在日常工作中往往会将其视为额外负担。

除了系统本身的易操作性问题以及配套的制度激励和约束问题外，不同角色对于资源及其利用的认知也存在难以避免的偏差。这一点也体现在不同角色在价值流里所需承担的责任和表现上。

价值是指各角色、各层级对组织的生存和发展所提供的作用和意义。

从价值流角度看，层级越高，对组织的价值输出要求越大，表现为需要更全面地关注事务，且事务所涉及的时间周期往往更长。因此，各层级对组织战略及战略落地的关注点、想法和认知存在差异，导致从自上而下的战略规划到战术执行出现偏差。这种偏差同样体现在信息流和资源流的传导不畅上。

由于各角色、各层级掌握的信息、资源及所需输出的价值不同，从下到上和从上到下的信息流、资源流和价值流传导错误普遍存在。这会导致不同角色和层级出现思考盲区和行动盲点，组织内部的摩擦和矛盾也因此难以避免。

因此，打造"上下同欲，一以贯之"的组织是非常有挑战的，需要不断提升各层级，尤其是管理者的综合能力和素质。

管理者需要具备哪些才能，国内外已有很多模型理论，罗列的能力也是非常之多。笔者根据五维动力系统模型仅提出五大核心能力，希望读者可以从中入手，迈出第一步。

二、从五维动力系统模型看人才所需的五大核心能力

简要解释五维动力系统模型所对应的五大核心能力，以及五大能力之间的相互关系，如图1所示。

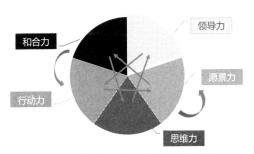

图1 五维动力系统模型之五大核心能力

五种能力简要释义。行动力即执行力，是指"我做了什么"。和合的含义是和睦同心，和合力是指"我和我的伙伴是同心同德的"。领导力的定义也有多种，这里主要是指能够使众人同行，向着共同的目标去努力的能力，即"和我一起做事"。愿景力泛指意愿能力，强调对未来的规划和目标的实现，即"我想要的未来是什么样的，要把什么事情做成"。思维力是指人脑对事物的理解、分析和处理能力，即"我如何思考并解决问题"。

　　五种能力有相互促进的关系。愿景力是我们规划梦想和自我激励的能力，它推动了领导力的发展，因为要实现远大的梦想光靠一个人的力量是不够的，需要团队的力量。领导力也促进了和合力的发展，因为领导力并不是单纯地指挥别人，让别人对自己言听计从，而更多的是去赋能别人，让别人成长，这就需要大家能够同心同德、相互学习和督导。和合力推动了行动力，因为大家只有同心协力、目标一致，才能够劲往一处使，将计划落实到行动中。行动力促进了思维力的发展，因为更好地做事、更高效地完成任务及达成目标，需要更完善的思考能力。思维能力推动了愿景力的发展，因为更完善的思考能力能够更系统、全面地修正愿景，会使得我们对愿景的想象和维护的能力更强。

　　五种能力也存在相互牵制作用。任何一种能力过于强大，都会影响其他能力的发展。愿景力太强，太过追求自我的目标，就可能会让团队的凝聚力耗损。领导力太强，太过追求"跟我一起做事"的感觉和掌握欲，就可能会让团队的执行力下降。和合力太强，太过追求和谐和睦，就可能会让团队的创新思维被遏制。行动力太强，太过于追求解决眼前的问题或完成当下的任务，就可能有违于长期愿景。思维力太过强势，太过追求把问题想清楚弄明白或不断有新的想法，就可能会让团队成员无所适从，不知道该怎么一起共事。

总之，五种能力环环相扣，形成了一个完美的闭环，不仅相互关联，还互有生发和牵制。

三、五种能力与马斯洛需求理论的对应关系

五种能力还一一对应了马斯洛需求理论的五个层次，如图2所示。

图2 五维动力系统模型之五层个人发展需求

人要赚取生活所需的物质报酬解决生理需求，就需要有一定的专业技能作为立身之本。而获取专业技能除了自学和亲身实践外，还需要在与他人的协作和互助中成长，这就需要和合力。社交是人的天然需求，这就需要建立和维护有效且有价值的人脉关系网络，而这就需要行动力。人的自我成就感不仅仅来自物质报酬，还来自被他人尊重和认可。因此，需要能够营销自己，不能抱有"酒香不怕巷子深"的心态。在当今时代，创意营销尤为重要，这就需要思维力。技能、人脉、财富等都需要进行长年累月的积累，通过积累才能给人带来安全感，不然朝不保夕，人根本无从谈及未来。但积累多少才是够用的，才能带来足够的安全感？这就需要能给人方向的愿景力。个人的自我实现往往离不开群体的需求和对社会的贡献，如何带领更多人一起去奋斗、去努力，去做出更多、更大的成就来

帮助自己更好地实现自我？这就需要使众人行动的领导力。

因此，每一层需求都对应着特定的能力。五种能力及其相关能力与需求层次相互关联，并能形成合力。这些能力在现实生活中并非孤立发挥作用，此处单独分析仅是为了便于读者理解。

管理他人的前提是管理自己，赋能他人的前提是提升自己。如前所述，问题无法完全消除，但我们可以提升预防和解决问题的能力，从而从百万顾问成长为千万团队长。这样的个体才能在经济新常态下，面对不确定性时屹立不倒，做到"剩者为王"。